# 香港尋龍點穴錄 二

劉坤昰

# 圓方立極

「天圓地方」是傳統中國的宇宙觀，象徵天地萬物，及其背後任運自然、生生不息、無窮無盡之大道。早在魏晉南北朝時代，何晏、王弼等名士更開創了清談玄學之先河，主旨在於透過思辨及辯論以探求天地萬物之道，當時是以《老子》、《莊子》、《易經》這三部著作為主，號稱「三玄」。東晉以後因為佛學的流行，佛法便也融匯在玄學中。故知，古代玄學實在是探索人生智慧及天地萬物之道的大學問。

可惜，近代之所謂玄學，卻被誤認為只局限於「山醫卜命相」五術、及民間對鬼神的迷信，故坊間便泛濫各式各樣導人迷信之玄學書籍，而原來玄學作為探索人生智慧及天地萬物之道的本質便完全被遺忘了。

有見及此，我們成立了「圓方出版社」（簡稱「圓方」）。《孟子》曰：「不以規矩、不成方圓」。所以，「圓方」的宗旨，是以「破除迷信、重人生智慧」為規，藉以撥亂反正，回復玄學作為智慧之學的光芒；以「重理性、重科學精神」為矩，希望能帶領玄學進入一個新紀元。「破除迷信、重人生智慧」即「圓而神」，「重理性、重科學精神」即「方以智」，既圓且方，故名「圓方」。

出版方面，「圓方」擬定四個系列如下：

一•「智慧經典系列」：讓經典因智慧而傳世；讓智慧因經典而普傳。

二•「生活智慧系列」：藉生活智慧，破除迷信；藉破除迷信，活出生活智慧。

三•「五術研究系列」：用理性及科學精神研究玄學；以研究玄學體驗理性、科學精神。

四•「流年運程系列」：「不離日夜尋常用，方為無上妙法門。」不帶迷信的流年運程書，能導人向善、積極樂觀、得失隨順，即是以智慧趨吉避凶之大道理。

此外，「圓方」成立了「正玄會」，藉以集結一群熱愛「破除迷信、重人生智慧」及「重理性、重科學精神」這種新玄學的有識之士，並效法古人「清談玄學」之風，藉以把玄學帶進理性及科學化的研究態度，更可廣納新的玄學研究家，集思廣益，使玄學有另一突破。

# 作者簡介

劉坤是師傅，年青二十多歲時，開始研究風水、子平八字、相學、占卜……等等，師承自舊派技藝。對子平八字、龍脈風水、相學，特別專長。

一九九八年起，正式以風水術數執業，其術數文章及訪問常見於報章、雜誌、電台：

- 《新玄機》雜誌風水術數作家
- 《風水天地》雜誌風水術數作家
- 《英文虎報》「週六風水」風水術數顧問
- 香港電台「一桶金」節目訪問
- 中原地產「樓迷世界——風生水起」主筆作家

劉坤是師傅歷年著作，包括：

- 二〇二〇年《香港・尋龍點穴錄二》
- 二〇一七年《香港・尋龍點穴錄》
- 二〇一六年《宮位十神看八字》

• 二〇一四年《八字宮位・十神・案例》
• 二〇一〇年《正見風水新案》
• 二〇〇九年《風水正知正見》
• 二〇〇六年《改善運程風水》

## 劉坤昰玄學服務

◎八字批算　◎面相氣色
◎風水勘察　◎占卜問事
◎課程教學


查詢電話：27715528
電郵：enquiry@liukunnan.com.hk
網址：www://liukunnan.com.hk

通陰陽之變
明動靜之機
究四時之候
成一家之言

劉坤昰

# 自序一

## 香港，學風水之福地！

香港位於神州大地南方，時至今天原來是學習傳統陰宅風水之福地，何出此言？皆因欲觀摩古人所造名穴，尤其以歷史時間而論，香港的古老龍穴，遠至九百年、六百年、五百年、三四百年的比比皆是，十分可觀。

除了國內的不計算，環顧東南亞地區，能夠稍有歷史的古老龍穴，其年份一般少於二百年，若求一看具三四百年歷史者，必定是千中無一，鳳毛麟角。再要求更長歷史者，則是緣木求魚。

根據歷史，自從清朝道光年間，鴉片戰爭以後，大量華人簽下「賣豬仔合約」出海到東南亞謀生寄錢回鄉養家，及後部分華人於海外落地生根，為求日後百年基業，遂禮聘風水名師，往海外點葬龍穴或造風水陽宅；故此風水文化傳入東南亞地區，皆由「鴉片戰爭」以後。台灣風水文化，估計最早大約始於南明永曆十五年（公元一六六一年），鄭成功平定台灣以後，充其量不超過三百五十年歷史。

原本內地方為風水之發祥地，但近年經濟急速起飛，在基建及城市擴大土地需要的前提下，很多古老龍穴也要讓出遷離；始終時代變遷，山河大地改變面貌無可避免。古老龍穴買少見少，所以大家要珍惜香港還留存古老龍穴！

## 陰宅風水用於陽宅之犀利處

唐宋元明四朝，從來沒有書本單單只說陽宅的；清朝時候坊間始湧現大量陽宅書籍。因此奇怪歷史，今日坊間討論「陽宅」風水，再沒有人用龍脈、砂水、平鋪等方法。故此很多人請風水師睇完風水後，成績效果總是有好壞參半之嘆！

這種本末倒置之現象，大家再不好好思考，遲早有一天風水這門國粹將被社會唾棄，甚至淪落到被禁絕之境地。這也是在下執筆再寫《香港‧尋龍點穴錄二》的動力。

書中文章「風水惡劣——香港足球運動發展艱辛」，乃在下早於一九九九年發表，只用陰宅風水方法，完全不用看羅庚，已經可以判斷風水差劣，直到今天二〇一九年仍然準確，元運數理之說是毫無半點幫助。此文雖簡但學術性甚高，足以證明「陰宅風水」原理和系統乃貨真價實，亦是決定吉凶的主要學理。

## 反面教材

今次《香港‧尋龍點穴錄二》，為令讀者擴闊眼界，刻意安排一部分反面教材。

但尋找這類題材，原來是不容易的事情。有好幾位已故風水界前輩，各自師承不同之江西地師，他們於六七十年代名噪一時。筆者去到他們引以為傲的「名穴作品」，完全是大失所望。要不點穴位置錯得很離譜，令到福主得地而不得福；又更嚴重者：點穴之金星未曾化氣，前面明堂眾煞剋穴懵然不知，害到福主生意被人侵吞，此後家業一蹶不振，估計因福主早死所以沒有追究，否則名師早已聲名狼藉，蓋其功夫完全「不合格」也！

這些「名師前輩」名氣十分響亮，教下不少徒子徒孫，更有眾多崇拜者。若果貿然公開這些「名穴作品」出了甚麼錯誤，則會引起不少問題：

（一）人家不服氣，後面必定惹起爭論，吵個沒完沒了。自己及人家俱犯口業，罪過也。

（二）人家門生仍然立足於風水行上，寫別人師父功夫差勁，這樣只是造了「壞人衣食」的罪業，那就何必如此。更何況各人因果各人了，實無必要節外生枝。

（三）干擾因果，福主必有宿世之業障，故有庸師上門之助緣。令其丁財俱敗。若福主之宿債未完，無故提點其家山衰敗，乃是洩天機之行為。在下卑微，惹不起這個罪業上身。

基於以上種種因素，原來要揀取合適的反面教材，真的很難。

## 體力汗水日曬換來的照片

為了令到文章圖文並茂，每次拍攝外景照片，必須天氣良好，天色要晴朗，沒有霧霾。這樣的日子很難碰上，原來只有猛烈陽光天氣最為適合。那天出現陽光普照，就要丟下手上工作出動投入拍攝，一旦錯過又要等待多日。去到山上，還要攀上高處，尋找合適位置拍攝，氣力和汗水缺不可少！

每當行文下筆之際，突然閃出新的點子，才發現手上照片未能配合，又要等待好天氣日子，才能完成。還有一個問題，就是時間限制：最佳拍攝時間由上午十時半後，至下午四時之前，只有這段時間之內，拍攝出來的照片，就不會反光或者背光，而每次扣減交通及步行上山時間，餘下的拍攝時間着實非常短促。

一輯完整照片，隨時會往返三四次方可圓滿。所有書中照片，全是得來不易。雖然捱着盛夏高溫猛烈陽光、汗如雨下身體疲累，但能夠拍攝得到心頭好的相片，也是值得。

劉坤昰 謹識

己亥年七月初七日書

# 自序二——謬誤（忌用之山、殺師地）

## 通勝——忌用之山

但凡點穴造葬，必定預早選擇吉日吉時，作為進金（落葬）、安碑立向、完山等程序之用。

為先人辦好入土為安及修墓之事，擇個平安日子，絕對是理所當然的事情。

不過坊間原來有些操作方法，未做擇日之前，必定先看過《通勝》「太歲壓祭主」那幅圖文才作決定。例如二〇一七丁酉年的「太歲壓祭主」，我們也來看看這圖吧！

圖中左邊那段文字是這樣的：「是年三煞在東，五黃占離，凡寅、甲、卯、乙、辰、丙、午、丁八山忌用，餘各山俱利。」

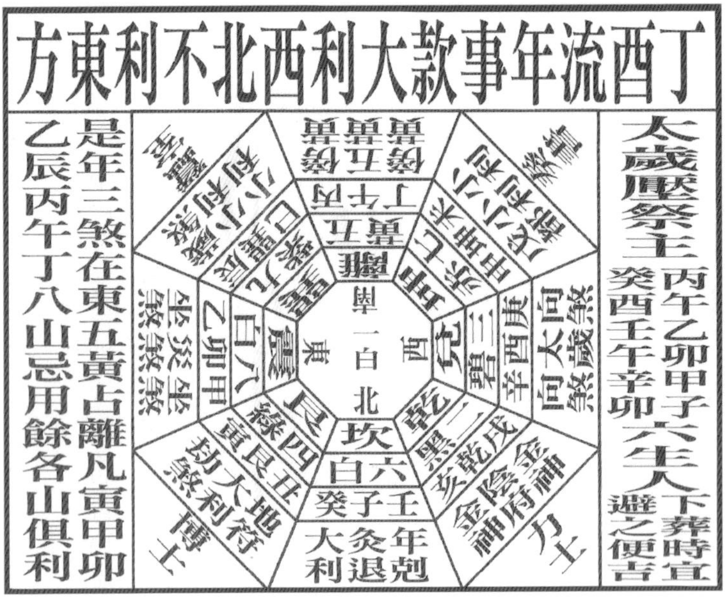

舉例解釋：於丁酉年所有新葬或需要重修之墓地，如果穴位的坐向，取坐丙向壬。那麼坐山是「丙山」，按照「太歲壓祭主」圖上所說乃是犯忌，於是乎福主的先人墓地，在丁酉年之內，整整一年不能興工動土，重修也不可以，否則福主將會招禍云云。那麼福主該怎樣辦？坊間的普遍認知，就是把先人停厝（存放而不落葬），舊墓地則再行等待，一切事情明年請早！

墓地重修及先人入土為安，自古邇來乃天經地義事情。奈何坊間有如此資訊，令到普羅大眾抱着不怕一萬只怕萬一的心態，因而盲從附和，這是十分可悲！

蓋天地之間，各人禍福皆由本身曾經所作善惡兩業而來，絕非無中生有而來；善因出善果，惡因出惡果，因果循環絲毫不爽，這個才是天地之間的道理。離此黑白善惡兩事，絕非正道也。

又用另外一個角度看，新亡先人不能入土為安，等於父母未有安身之所，買了新房子卻要求父母等到翌年才可遷入。舊墓地破爛不堪，畏於招禍而不肯馬上重修，等於父母居所已經漏水風吹，還待明年始去修繕。如果先人在天有靈，知道子孫如斯行為，還不傷心流淚嗎？

百行孝為先，上天必定保佑行善積德之人及孝子賢孫。

## 殺師地

有些古籍如《龍經》，有提及「殺師地」這個名詞，記得其中大概：「獅形之穴煞氣甚重，易為殺師之地」云云。

看到這段內容的確令人感到可怕。身為風水師，為人家尋龍點穴施福予人家，事後得到福主的利是酬謝，本來屬於互相成就之美事。但是送上吉穴予人，卻要賠上性命，這是天地道理嗎？難道山河大地之上，真的有福主享福、風水地師受死這樣的龍穴嗎？

天地本仁慈，一空氣一滴水一泥土，皆是養育萬物，非為殺害萬物。**前文已言：各人禍福皆由本身曾經所作善惡兩業而來，絕非無中生有而來。**既明此理，大地又怎會設此陷阱加害風水地師呢？所以「殺師地」根本是不存在的。

問題又來了，為甚麼古書上注明曾有地師點穴後死亡之事？究原因估計不出兩個：

（一）功夫未純，以為自己點出龍穴，怎料交出一個非常嚴重錯誤犯煞的墓地給福主。葬後會害到福主傾家蕩產甚至家破人亡。

（二）財迷心竅，沒有嚴謹選擇福主。面對大筆金錢唾手可得之時，就馬上為人家尋龍點穴，到頭來原來是幫助了壞人去發福也不知道！這種見錢開眼助紂為虐約的行為，是很容易惹到惡果惡報！

筆者認為，風水龍穴只配積善之家，或心地善良之人。故此並無「殺師地」，唯有地師自招殺身之禍。

# 自序三——積德守地

吳文正公云，未得地當積德以求之，既得地當積德以守之，是以福澤綿遠，若得地者改變初心，福去禍即來。余友長元先生得吉地數穴，余勸他刊善書請宣講，頗入善路，若久行不怠定有福報。偶因夫妻反目，積成過衍宴爾禍來，人亡財散家禍不休，穴山亦壞真真可惜。後人能行善事以盍前衍，尚有轉移之日，不然吾不知之矣。

世人得好墳宅者不少，前人忠厚福祿駢臻，後人尖滑宅墓亦變，或水沖壞，或路走壞，或碑立壞，或門改壞，或塘挑壞，或因鹽井鑿壞，或因煤炭挖壞，或信盲師抽壞，至生敗產蠢人，散財亡者。皆因行事不善吉變為凶也。卜仙云：地理有神，桑田變海者此也。亦有墳宅未變，行事多乖家發凶禍，昧者不歸咎於行事之失，而歸咎於墳宅之非，妄改宅墳所以愈改愈不利也。得地者，積德以守焉可。

## 積德守地

吳文正公云未得地當積德以求之既得地當積德以守之是以福澤綿遠若得地者改變初心福去禍即來余友長元先生得吉地數穴余勸他刊善書請宣講頗入善路若久行不怠定有福報偶因夫妻反目積成過愆宴爾禍來人亡財散家禍不休穴山亦壞真真可惜後人能行善事以蓋前愆尚有轉移之日不然吾不知之矣世人得好墳宅者不少前人忠厚福祿駢臻後人失德宅墓亦變或水冲壞或路走壞或碑立壞或門改壞或地挑壞或因塩井鑿壞或因煤炭挖壞或信盲師抽壞致生敗產蠢人散財亡者皆因行事不善吉變為凶也卜仙云地理有神桑田變海者此也亦有墳宅未變行事多乖家發凶禍昧者不歸咎於行事之失而歸咎於墳宅之非妄改宅墳所以愈改愈不利也得地者積德以守焉可

# 目錄


自序一 8

自序二——謬誤（忌用之山、殺師地） 12

自序三——積德守地 16

第1章 金剛肚騎龍斬關穴（玉女懷胎）——荃錦公路 20

第2章 趙氏名穴：雙金擯水——元朗新潭路 50

第3章 元朗趙氏名穴：黃龍吐珠——粉嶺 76

第4章 鄧氏名穴之一：仙人大座——元朗橫州丫髻山 100

第5章 趙氏名穴：仙人大座——大埔運頭塘（正反面教材） 126

第6章 雙金擯水——紅花嶺上的墓地 156

第7章 七星金龍穴——錦田七星崗村 176

第8章 海螺吐肉——大埔汀角路 204

第9章 豬肝吊膽——元朗瓦窰頭村 222

第10章 風吹羅帶——元朗牛潭尾 254

第11章 蜈蚣穴——打鼓嶺坪洋村 274

308 第12章 鄧氏名穴之二：金鐘覆火——元朗黃屋村
334 第13章 寒牛不出欄（正反面教材）——粉嶺入沙頭角公路
368 第14章 鄧氏名穴之三：狐狸過水——元朗青山公路
390 第15章 鼇地——金錢村
416 第16章 真武踏龜蛇——百分百的反面教材
434 第17章 金龜騎龍穴——荃錦公路下花山
470 第18章 浮雲湧日——青松觀路
494 第19章 風水惡劣——香港足球運動發展艱辛
506 附錄一 風水造葬，因為無知而折福。
518 附錄二 種生基之我見（一）
522 附錄三 種生基之我見（二）
528 附錄四 理氣漫談與房份得失
536 附錄五 也談太極、命運哲學
546 附錄六 天地君親師

# 第1章 金剛肚騎龍斬關穴（玉女懷胎）

之前曾於拙作《香港・尋龍點穴錄》介紹騎龍斬關的「仰掌穴」，今篇再向讀者介紹另外一種騎龍斬關穴，叫做「金剛肚」。這個形態的龍穴是十分罕見，香港地方雖然細小，也有一個「金剛肚騎龍斬關」穴，足夠令一眾風水學人大開眼界。

## 前往交通

此「騎龍斬關」穴原喝「玉女懷胎」，地點位於荃錦公路、川龍村山上的響石墳場。

● **公共巴士：**

51號，由荃灣西鐵站來回上村（近錦上路口）。去到荃錦公路川龍村站下車，開始入山：

甫入路口是彩龍茶樓（**見相1**），往前有「三生」之廠房（**見相2**），順行過橋（**見相3**），後見分岔路靠左走（**見相4**），經過綠色鐵皮屋之漁農署分站後（**見相5**），就是開始上斜的登山路，山路中段亦有分岔路（**見相6**），靠左往響石墳場方向繼續上山（**見相7**），之後來到平路盡頭，便見到避雨亭及旁邊「第三段」的標記（**見相8**）。

由川龍村路口步行到達山上響石墳場避雨亭，全程約四十五至六十分鐘左右，時間快慢視乎體能狀態。

於避雨亭向前約二十公尺，圓形石牆旁有樓梯級（**見相9**），沿樓梯級再登山，約五至十分鐘到達山上，來到平路處（**見相10**），便見遍滿青草地的大山在面前，前方水泥梯級盡頭，便是泥路往山頂之上。

相 1：川龍村路口及 80 號小巴總站及彩龍茶樓

相 2：左邊「三生」廠房

相 3：過橋

相 4：分岔路靠左直去

相 5：前方綠色鐵皮屋乃漁農署分站

相 6：山上的分岔路，靠左前行。

相 7：依指示響石墳場方向靠左上山

相 8：避雨亭及旁邊之白色牌指示為「第三段」

相 9：圓形石牆及樓梯級

相 10：來到平路，前方是遍滿青草的大山，水泥梯級盡頭附近，有步行小徑往左邊，可通往龍穴位置。

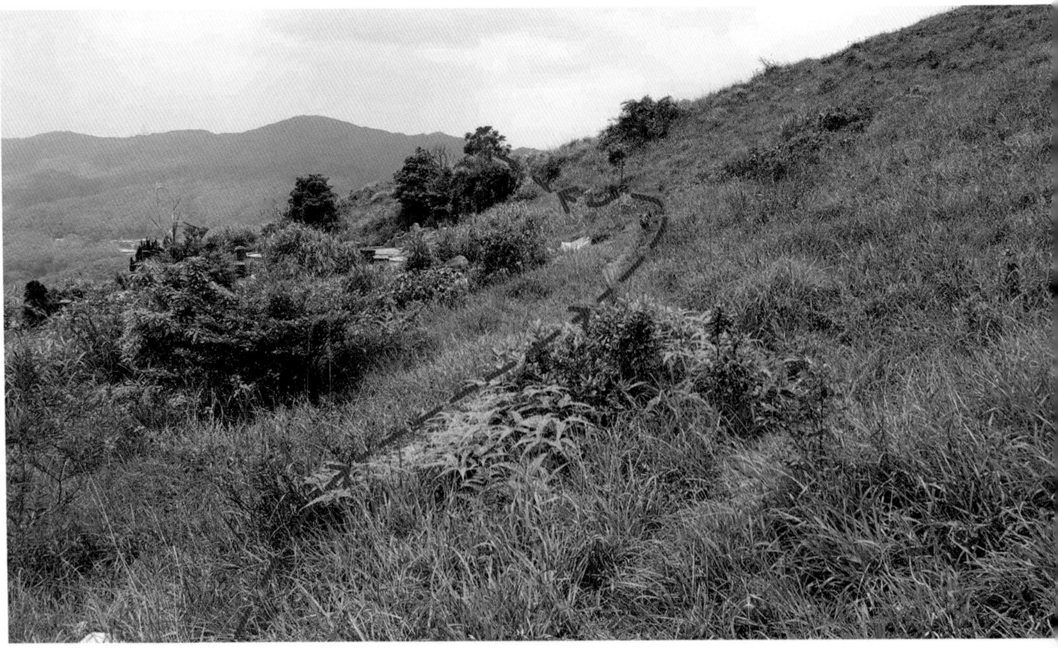

相 11：沿隱約的步行小徑而行，前方是龍穴所在地。

於水泥梯級盡頭附近，有隱約的步行小徑轉去左邊（**見相11**），前行不久便到達龍穴所在地。（建議先沿泥路直往山頂，飽覽完山上整個來龍落脈，再回來觀看龍穴也未遲。）

- **綠色專線小巴：**

80號，來回荃灣川龍街兆和街交界與川龍村。於終點站川龍村下車，開始入山。

- **自行駕車：**

自行駕車只須走荃錦公路，到川龍村，依前述之指示，去到響石墳場避雨亭就必須下車（**見相8**），然後開始登山。

## 喝象「玉女懷胎」

未解釋「玉女懷胎」的喝象緣由之前，筆者認為更有必要先行解釋「金剛肚」的意思。

「**金剛肚**」：在龍穴法則之中，「金剛肚」是一個十分正統的名稱，只要熟讀尋龍點穴的古籍，都會見過這個名詞。

「金剛肚」意思指體格外形魁梧的巨人，挺着肥大肚子的模樣。（見相12）

**「騎龍穴」**：本文主題的龍穴，是點在龍脈行龍的中途，雖然已結出龍穴，由於龍脈力度很強勁，仍然一直向山下邁進，再者附近並沒有流水在龍穴面前把龍脈鎅斷。所以這個龍穴，實際上是另一種的「騎龍穴」斬關的造法（注1）。

「玉女懷胎」穴的主庚地師，是由六十年代本港一位風水前輩，陳瑾瑜先生點穴定針，亦是由他定出「玉女懷胎」這個喝象。估計當時從山脈之側面角度，看到龍穴下面山坡，像女人懷孕肚子凸起的樣子（見相13），所以喝作「懷胎」；至於父母星辰，山體高聳似人形，既是人形便給予美化的稱呼，故此喝作「玉女」，兩者合起來便是「玉女懷胎」。

但是以那個民風純樸的年代而言，採用「玉女懷胎」這個名稱，略有未臻爾雅的感覺。始終風水扶持發跡，與律己修身行善積德，絕對有相輔相成的關係，此名確有不妥當。何況「玉女懷胎」含有未婚大肚的意味，於禮亦不合。

**• 現場實拍 •**

1.1 玉女懷胎——喝象解釋

**注1**：結出龍穴形式可以分為五種——橫龍、倒（騎）、直龍、飛龍、潛龍。今次介紹的「金剛肚騎龍」穴，既是騎龍穴法，亦是飛龍結穴的形式。

相 12：從下而上看山峰，就是魁梧巨人挺着肥大肚子模樣。

相 13：側面看山坡，紅圈所示位置是龍穴，彎線則是懷孕大肚的地方。

如要更正穴名，筆者認為可作「笑佛騎遊龍」；笑佛是形容肚子大大笑容滿面的佛，遊龍則是山上來龍降勢，形態如飛龍在天輕鬆自在游走於天空中，詳見下文。

## 來龍落脈

本山龍脈以大帽山為祖山，乃全香港最高山峰，海拔達九百五十八米。它大約位於龍穴東北偏北方向22度。龍脈從天文台觀測站附近的山頭開始，由頂處落下不久，向西南橫走經過「妙高台」，以逆時針旋出一列山峰。此列山峰緊貼相連，每個山峰就是龍背上的背鰭，形態猶如一條飛龍降落在山上，氣勢確是十分雄偉。**（見圖1及相14）**

相 14：大帽山向西南出脈相片一——龍脈由頂處落下不久，向西南橫走經過「妙高台」。

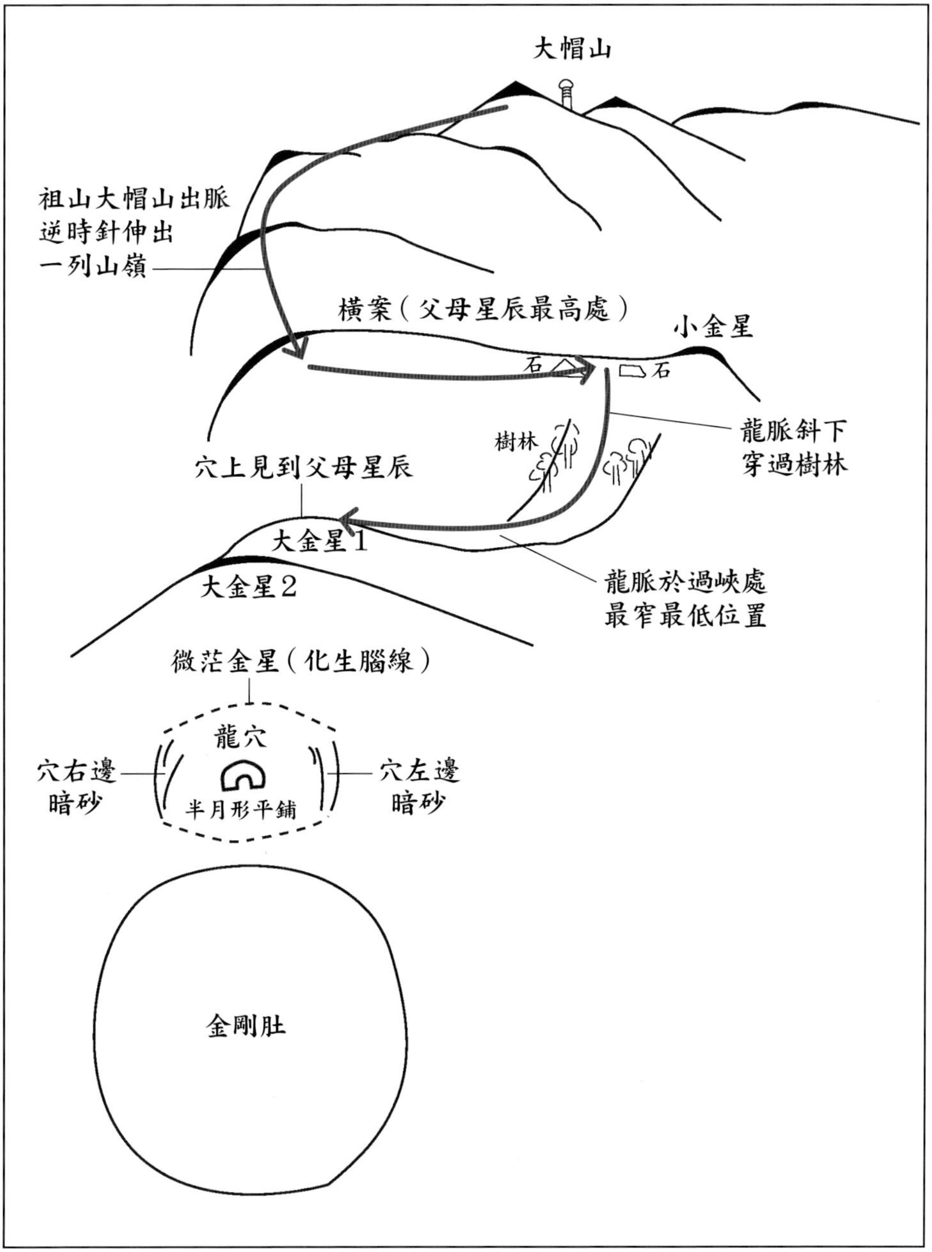


圖 1：「金剛肚騎龍斬關」穴（「玉女懷胎」）來龍落脈圖

當龍脈迴旋到本穴山上的最高處（**見相15、16**），山頂上成一橫案，橫案中段有兩塊很近的巨石（**見相17**），末端頓起一個小金星保護龍脈（**見相18**）。大約於兩塊巨石位置附近，龍脈於此忽地作90度右轉向，斜下落坡穿過樹林（**見相19**），龍身於過峽處收窄，之後向前方衝上去頓起大金星（**見相20至23**），由此大金星再向山下落脈，輾轉又起第二個大金星，再落下到近結穴前約十呎，現出「化生腦」（即微茫金星），下面結出龍穴（**見相24、25**）；穴之左右各有一支暗砂。穴前有一個半月形平鋪，又名「唇托」，乃原本之天然實土，非人工填泥而得（**見相26**）。穴下山坡就是金剛肚的位置。

相 15：大帽山向西南出脈相片二──來到父母星辰最高處。

相 16：全景拍攝。相片中略右為大帽山，向西南方拖出山嶺，逆時針旋到父母星辰最高處。

相 17：近處乃父母星辰之橫案，地上有兩巨石。

相 18：父母星辰橫案末端之小金星

相 19：龍脈於此作 90 度右轉向，斜下落坡穿過樹林(龍脈沿相中泥路而下)。

相 20：回望龍脈越過樹林而下，來到過峽位置。

相 21：經過過峽位置之後，龍脈向前衝上山坡。

相 22：龍脈上到第一個大金星最高處

相 23：側面全景拍攝——相片右側為龍脈穿越樹林，藍色箭嘴為中間低處過峽，龍脈再向左邊衝上第一個大金星。

相 24：龍脈經過第一、第二個大金星，落脈到紅色線所示之「化生腦」(即微茫金星)，下面結出龍穴。

相 25：穴上近拍父母星辰，可以比較清楚看到化生腦 (即微茫金星)。

相 26：龍穴前面的半月形平鋪，乃天然形成的。

**• 現場實拍 •**

1.2 玉女懷胎——
大帽山飛龍降勢
去父母星辰之橫案

1.3 玉女懷胎——
父母星辰橫案
之下過峽

# 龍穴略述

## 墓主及龍穴

本山墓主有云乃荃灣之原居民，葬其由粵入香港之十五世祖及其他先祖考妣，共十五位先人骨殖合葬於此。

相 27：近拍「金剛肚騎龍斬關」(「玉女懷胎」) 之龍穴照片

相 28：龍穴全景

相 29：碑文原本不甚清楚，適值陽光猛烈，令到字體
現出陰影才能得見全文。

吉地佳城艮山坤向兼寅申吉度分金地形玉女懷胎砌石以

誌永垂不朽云尔　地師陳謹瑜定針

十七世考秉隆　劉氏
鄧氏
秉華　妣徐氏
秉鳳　羅氏
劉氏

一五十世祖考叶運連
妣羅氏
十六世錦祿
欽
昭陳太公
母
十五位之坟墓

另十五世妣李
九世妣許氏
十八世祖耀章

祀玄孫永泰
和
林
如
來孫長興
少望
林生
世民
世良
又來孫漢強
楚強
等立

民國四十九年庚子歲　吉旦重修

圖 2：碑文原文

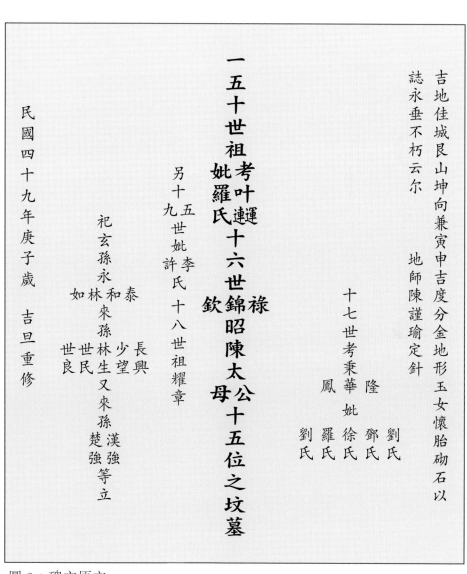

## 龍局及坐向

看完「金剛肚騎龍斬關」（「玉女懷胎」）的來龍落脈，已經令人大開眼界。大帽山上既然有真龍出脈而來，龍穴之上自然亦有龍局相應；有真龍自是有大地，亦是天地陰陽相對的造化。（注2）

從穴上回望來脈的父母星辰，見到山上前後兩個金星，一高一低相互倚傍，而且都是開出平面映照山下龍穴，這是「玄武垂頭」（注3）好現象。而且一高一低先後見到兩個金星作靠山，有貴人重重的意思。（見相30）

現在龍穴以坐東北向西南的形勢定局，前輩風水地師選擇坐艮向坤兼寅申，線度是坐山49度向上229度。（見相31）

注2：山上往往有很多條龍脈拖落，卻永遠只有真龍方能有龍局承蔭，其餘龍脈多是花假，一個不小心錯把假龍辨作真，下葬之後福主隨時家業敗亡；也只有如此高難度之要求，才顯示龍穴矜貴難求。

注3：「玄武垂頭」——「玄武」即是龍穴的靠山，「垂頭」乃山上開平面映照龍穴，如慈母抱子細心看顧。對於子孫後人，乃是遇到長輩、貴人另眼相看，得到提攜眷顧的機會。

相 30：山上前後兩個金星一高一低作靠山，有貴人重重的意思。

相 31：量度墓碑是坐艮向坤兼寅申，線度是坐山 49 度向上 229 度。依據這個線度，現在墓碑前方的明堂，以下花山山頂為正中央位置，下花山的右側有更高之上花山。往外可見青馬大橋，再遠方更可以見離島大嶼山的三座高山，從左到右依序乃大東山、鳳凰山、彌勒山。（見相 32）

走到較高地方看明堂左側，最近之外山是青衣島，島上左邊三百三十四米高峰為三枝香，島右較矮為二百米高之石環山。再往左見藍巴勒海峽，海峽對岸為港島之摩星嶺、西高山、太平山。**（見相33）**

穴右西側被一列群山包圍，從明堂中央依次序為下花山、上花山、蓮花山、轆牛山。**（見相34）**

從以上資料看到，整個「金剛肚騎龍」（「玉女懷胎」）穴所涵蓋龍局範圍相當深遠闊大，氣勢之雄偉並非一般龍穴能夠比擬。

除此以外，山上父母星辰，各有龍砂虎砂從頂上肩膊位置下垂一脈，緊貼靠山左右兩旁，越過龍穴下面的「金剛肚山坡」之後，在山下互相拱合，龍虎關鎖非常漂亮。

相32：明堂中央為下花山頂，右側有上花山。海上青馬大橋，更遠見離島大嶼山的三座高山，左為大東山、中為鳳凰山、右為彌勒山。

相 33：明堂左側 45 度方向，最近之外山是青衣島，島上左為三枝香，右為石環山。再往左見藍巴勒海峽，海峽對岸為港島之摩星嶺、西高山、太平山。

相 34：明堂右側 45 度方向，群山羅列，明堂中央依次序為──下花山、上花山、蓮花山、轆牛山。

相 35：全景拍攝——明堂內外遠近景觀。

• 現場實拍 •

1.4 玉女懷胎——
明堂所見之山嶺

1.5 玉女懷胎——
環迴拍攝明堂
全景：父母星辰、
青龍白虎砂

1.6 玉女懷胎——
青龍砂出脈

1.7 玉女懷胎——
白虎砂出脈

1.8 玉女懷胎——
山下龍虎砂交鎖

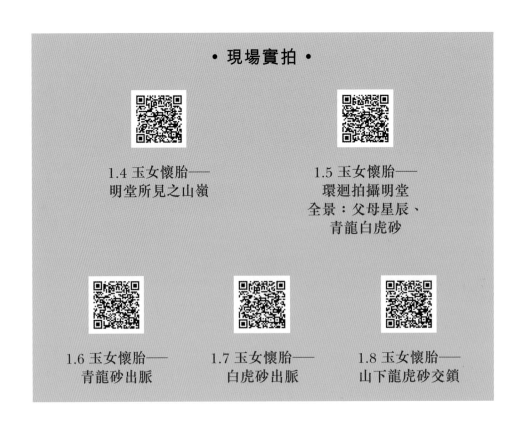

# 龍穴點評

「金剛肚騎龍斬關」穴所有的天然條件，可以用無懈可擊去形容。但是去到墓前卻發現有好幾個問題存在：

（一）墓碑及頂上紅色圓月，見不到氣色鮮明景象，更有殘舊現象。（見相36）

（二）墓碑不應該用粉紅色麻石，蓋紅色、粉紅色，或各種深淺的紅色，皆不可以作墓碑石用途，絕對是不利先人的！從前古墳絕不會用紅色、粉紅色石塊作墓碑。

**近年有些新派理論，以墓碑之顏色配合五行，紅色屬火，今次本山坐艮向坤，山與向之五行俱是屬土，火來生土云云。可惜他們不知道用了紅色石作墓碑，等同於叫做「封碑」或「封山」，即是把墓中先人一直壓制着。試問一邊把先人壓制，另一邊子孫後人來到拜祭時，總會或多或少祈求先祖護蔭，這樣又情何以堪呢？所以這些新派理論，頗為離經叛道亦是害人害己也！**

（三）原本龍局之上，山環水抱氣聚有情，這是處處得到貴人喜相逢之利益。推敲當時立向之考慮，只求對正近處下花山之尖峰，大家參考相32（見44

頁）便一清二楚。可惜這一條坐向線度，距離天然方向相差太遠，造成「貪峰失向」（注4）的弊端！

現在之實際效果，只會減低了此山子孫後人的實力；眼光以及思維判斷容易失策，行事多漏洞方法不週全；大好機會擺在眼前，容易為山九仞功虧一簣，未竟全功，浪費大好龍穴之福力焉。

注4：「貪峰失向」——安碑立向，因為立向的時候沒有由全盤龍局去思量，以為對着某山峰便是，其效果卻忽略了全個龍局。

相 36：墓碑及頂上紅色圓月，見不到氣色鮮明，更有殘舊現象。墓碑用粉紅色石更是犯了「封碑」之大忌。

# 第2章 元朗雙金摃水

若果提到元朗風水名穴，愛好風水之學人，無不記得鄧氏一族開基始祖的四大名穴。原來近代元朗鄉紳趙氏，亦有兩大名穴，可能趙氏名穴日子較淺，比較少為人所認識。這兩大名穴分別是「雙金擯水」及「黃龍吐珠」。今次則以「雙金擯水」作主題。

## 前往交通

前往趙氏的「雙金擯水」交通方法，必須先入到新潭路方可。

- **公共巴士：**

76K巴士，來回上水清河邨及元朗朗平邨。於碧豪苑站下車。（東鐵線上水站外及西鐵線元朗站外朗日路，均設有76K站可上車）。

- **綠色專線小巴：**

38號，元朗總站設於福康街，西鐵線元朗站亦可上車。此車會路經新潭路，於碧豪苑下車。

**• 自行駕車：**

參考拙作《香港・尋龍點穴錄》「太陽高金」穴的交通路線，就可找到前往新潭路的路線。

## 入山路徑

在新潭路去到碧豪苑，路口旁有76K巴士站，轉入「碧豪苑第一街」，在前面路口轉左而行，至一個T字路口右轉，行到車路盡頭處進入窄路徑。**（見相1至8）**

沿窄路徑直往泥路小徑，路經三個大墳，在對面處有鐵線網，穿過缺口，右拐彎前行約十米，有T字分岔（面前遠處見一清朝古墳「風吹羅帶」），轉左前行約五六十米，已見左邊有一古墳，經此便是通往趙氏名穴「雙金揁水」。**（見相9至16）**

相 1：新潭路碧豪苑，紅圈是 76K 巴士站，跟箭嘴指示入路口。

相 2：「碧豪苑第一街」路牌

相 3：沿第一街直行

相 4：路口轉左

相 5：沿路而行

相 6：T 字路口轉右

相 7：車路盡頭處

相 8：行入窄路徑

相 9：靠左直往泥路小徑

相 10：前行

相 11：經三個大墳，在對面處有鐵線網，穿過缺口。

相 12：右拐彎前行

「風吹羅帶」
見到「風吹羅帶」穴，有分岔口，轉去左邊方向。

相 13：T 字分岔上，前面有清朝古墳「風吹羅帶」，轉去左邊前行。

相 14：T 字分岔的全景照片

相 15：約五六十米後，左邊有一古墳，便是趙氏名穴「雙金損水」。

相 16：到達目的地

## 喝象「雙金揞水」

「雙金揞水」是比較常見的龍穴，古籍又有另外一個名稱，叫做「凹腦天財」穴。

這個趙氏的「雙金揞水」，與拙作《香港・尋龍點穴錄》曾介紹丫髻山鄧氏覲廷公之「雙金揞水」穴，結作形式十分相似：穴上形勢被左右兩個金星緊夾龍穴，兩個金星相連之處似根扁擔。穴的前面有唇托（即是平鋪），後有「樂山」及「鬼尾」。兩者之間差異是：鄧氏之穴結在山上，今次趙氏之穴結在平地之上。

## 來龍落脈

來龍遠自大帽山作太祖山落脈，北出一脈至觀音山，於山腳下林錦公路嘉道理農場門前作第一次過峽（**見相17**），上衝到大刀屻山（**見相18**），龍身轉勢向西北落下，於粉錦公路打石湖石塘附近作第二次過峽，上龍衝往雞公嶺五百八十五米主峰，向北落脈到大羅天山。

自大羅天向西拖出一脈入牛潭尾方向（**見地圖1及相19**），頓起四峰並連之狀元旗形山嶺（**見相20至22及圖1**），以前此地土名稱為紅花嶺。

相 17：此處山坳為過峽處，左邊小路即嘉道理農場門口，右邊龍脈直上大刀屻山。

相 18：大帽山落脈至觀音山，相片中之山坳，為林錦公路過峽，再上龍到大刀屻山。

紅花嶺主峰頂上，龍脈忽然打橫從右邊落脈，經過六個金星輾轉跌頓化氣，去到平地再頓起兩個小金星，在這兩個金星之間結出「雙金損水」穴，此穴為元朗市榮華酒樓創辦人之一，已故趙聿修先生的祖墳。（見相23、圖2及注1）

注1：原本紅花嶺行龍方向，由大羅天山自西而來，但於紅花嶺主峰忽作90度轉勢落脈結穴，這是橫龍結穴方式。

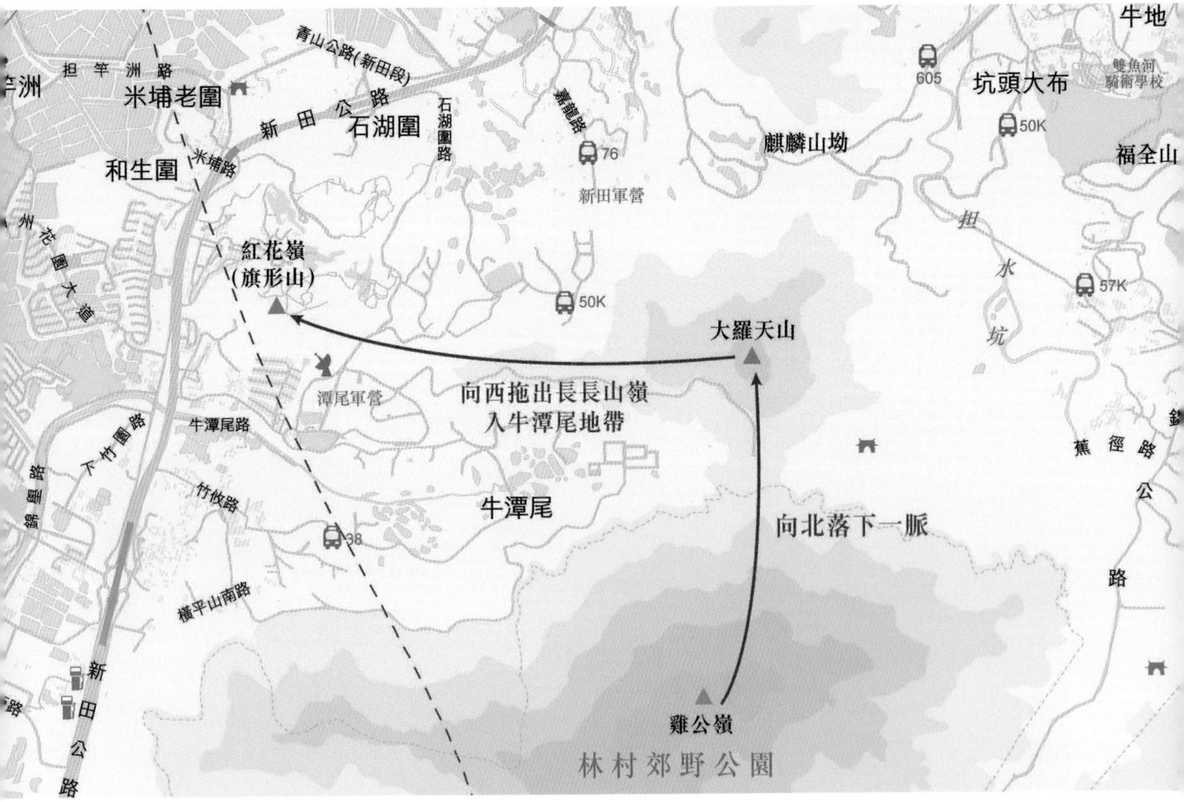


地圖1：雞公嶺五百八十五米主峰，向北落脈大羅天山。自大羅天向西拖出一脈入牛潭尾方向，龍脈漸行漸低，直抵牛潭尾軍營。

相 19：相片較後位置為雞公嶺，向左方（北）出脈往大羅天山，向西拖出一脈去牛潭尾，龍脈漸行漸低（見紅色箭嘴）。

相 20：遠處拍攝，左邊乃狀元旗山來龍之祖山，相右乃狀元旗形山。

相 21：去到牛潭尾軍營附近，頓起四峰並連之狀元旗形山嶺，以前此地土名叫紅花嶺。

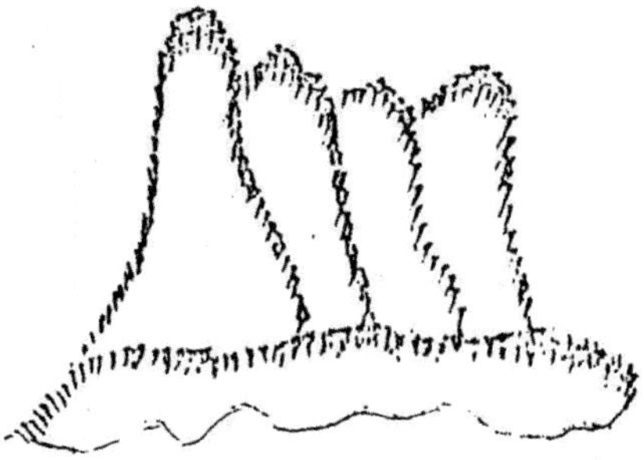

圖 1：古書所指「狀元旗」山形

相 22：這個角度拍攝紅花嶺，更似狀元旗。

相 23：主峰橫向落脈，經過六個金星輾轉跌頓化氣，去到平地再頓起兩個小金星，在這兩個金星之間結出「雙金摃水」穴。

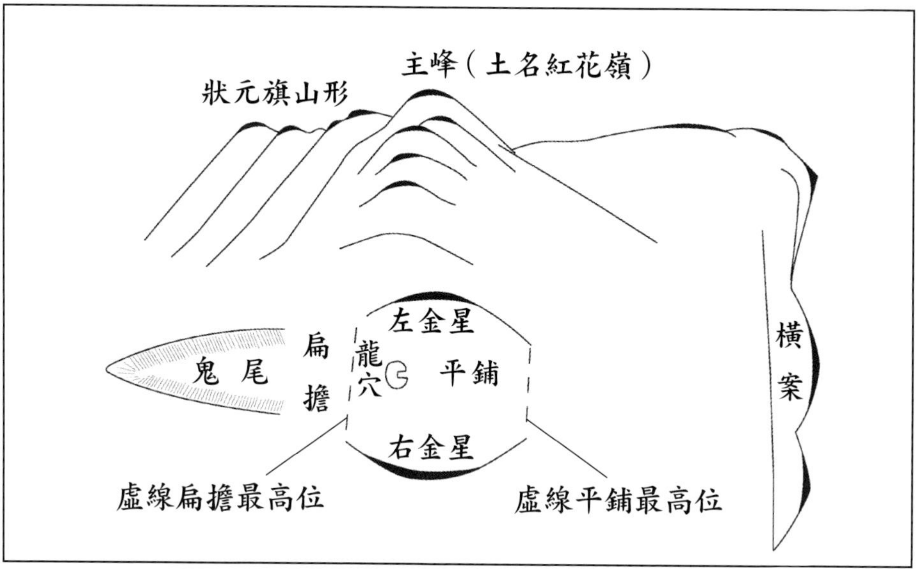


圖 2：元朗牛潭尾趙氏「雙金摃水」穴山圖

# 龍穴略述

## 墓主及坐向

這穴為廣東省前寶安縣趙氏，第十七世祖顯達公及夫人文氏的合葬墳。（見相24）

碑文兩旁石柱刻有一副對聯，上聯「福地安先祖」，下聯「佳城蔭後人」。頂上則刻有「積善堂」三個大字。（見相25）

相24：墓穴遠拍

相25：墓穴近拍

相 26：碑文

公諱勝實字顯達迺煥章公之次子也原配
文氏娶于新田鄉今祖妣合葬土名紅花嶺
坐乙向辛兼辰戌亢宿六度之原

十七世祖考趙公顯達
妣趙母文氏之墓

奉祀四大房等敬立

一九六二年孟夏吉日重修

圖 3：碑文原文

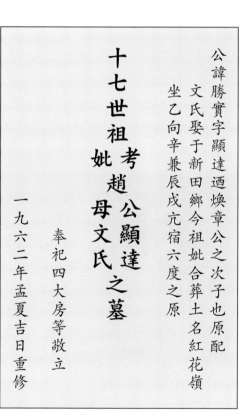

現在量度墓碑坐向為坐乙向辛兼辰戌，坐山110度向上290度；坐亢宿4度。（見相27、28）

相 27：墓碑坐向為坐乙向辛兼辰戌，坐山 110 度向上 290 度。

相 28：坐乙向辛兼辰戌，坐山 110 度向上 290 度；坐亢宿 4 度。

## 明堂及龍局

趙氏「雙金揹水」，結穴於左右兩個金星之間，右邊金星以外見到對面一個太陽高金，左邊金星則緊貼紅花嶺主峰山麓。**（見地圖2及相29、30）**

龍穴就枕在扁擔之下，穴扁擔的後方緊接一條鬼尾，鬼尾形態相當飽滿，中間拱起而兩邊稍斜，向大羅天山方向伸延約數十米長。**（見相31、32）**

穴後之更遠處，見到大羅天山一個尖峰，位置剛好對着龍穴的正後方，作為樂山，它是龍穴的貴人砂峰，可文可武可從商**（見相33、34）**。除此以外，穴後本來還有狀

**• 現場實拍 •**

2.1 趙氏雙金揹水——
來龍落脈：
第一個金星。

2.2 趙氏雙金揹水——
來龍落脈：
第二個金星（馬鞍）。

2.3 趙氏雙金揹水——
龍局、明堂、
鬼尾、扁擔上拍攝。

元旗作為來龍之祖山，有利於後人文昌求學。

穴前平鋪，即是「雙金揁水」穴之唇托，甚為深闊（見相35），平鋪以外明堂伸展甚遠包容廣大。紅花嶺盡頭向北下垂一脈，連拋三個娥眉月形金星串成橫案，亦作為遠明堂之最後關鎖（見相36）。穴後右邊更見麒麟山在寅方遙遙映照。（見相37）

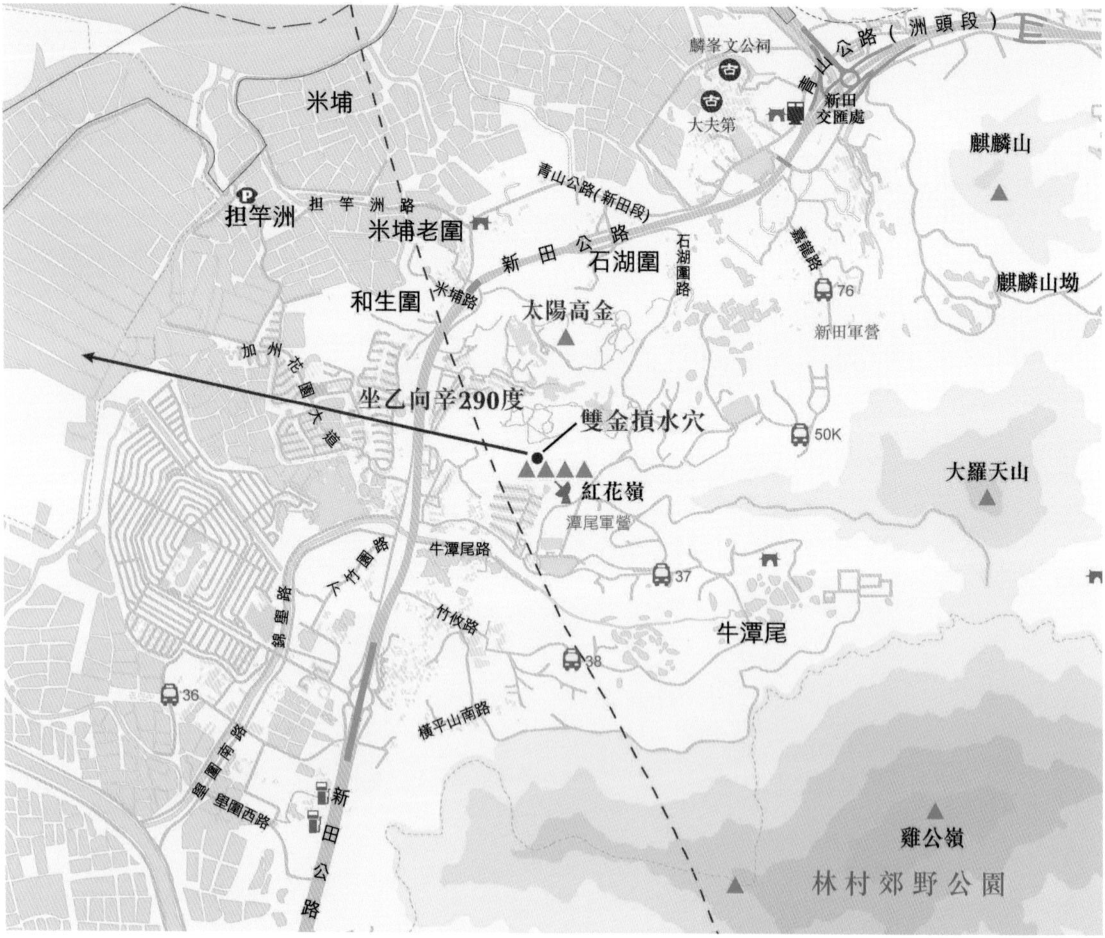


地圖 2：趙氏「雙金揁水」龍局圖

相 29：右邊金星 (紅線範圍)，外面太陽高金在穴之右側。

相 30：左邊之金星 (紅線範圍)，旁邊緊貼紅花嶺主峰山麓。

相 31：紅色線所包圍之草地，為穴後鬼尾，中間略拱起兩邊斜下，往東伸延數十米長。遠處是大羅天山之尖峰，它是龍穴的樂山，亦是貴人砂峰。

相 32：昔日相片側拍龍穴後面，藍色線範圍是兩個金星之間的扁擔，紅線所示為鬼尾之部分。

相 33：穴上也可見到大羅天山尖峰作樂山

相 34：昔日照片樹木比現在較少，穴後樂山更清楚。

相 35：現在之明堂照片

相 36：昔日照片，能夠清楚看到紅花嶺盡頭向右下垂一脈，連抛三個娥眉月形金星串成橫案，作為遠明堂之最後關鎖。

相 37：穴之右後方，麒麟山在寅方遙遙映照。

趙氏「雙金擯水」龍穴，乃非常寶貴之真龍大地，其子孫後人發跡非凡。請看下文其二十世曾孫趙聿修所葬之「黃龍吐珠」，有詳細介紹。

# 第3章

# 黃龍吐珠

「行船爭解纜，月餅我賣先」——這句廣告標語出自元朗榮華酒樓，用了很多年亦一直沒變。其月餅向來以品質優勝見稱，在一九九〇年前後，每逢中秋節，榮華酒樓月餅的價格，一直以高於同業售價兼且每次都是賣個滿堂紅，羨煞旁人。

根據網頁資料（注1），這家酒樓的其中一位創辦人，乃是元朗鄉紳趙氏家族的趙聿修先生（一九〇五至一九七四年）。他與劉培齡先生於一九五〇年共同創辦元朗榮華酒樓，樓高四層，為當時區內數一數二之大酒樓，時至今日該酒樓之食品，風行海外直達歐洲，更遠至美國及加拿大。

一九六二年榮華酒樓重新裝後，邀請電影紅星：方逸華、汪玲、吳君麗、鄭碧影、顧媚、胡楓、曹達華、鄭君綿等剪綵開幕。昔年元朗榮華酒樓之云云食客之中，最顯赫要算是一九六四年夏到訪的港督戴麟趾爵士，與新界各區鄉紳在此共晉午餐。

趙聿修先生又創辦元朗光華戲院，並於一九五〇年二月十三日開幕，迄一九九一年初結業。戲院之後拆卸重建，並易名為光華中心。

趙先生除了是成功商人之外，生前致力公益行善，為新界鄉民造福不少。歷任元朗公立中學校董會主席，以及光大學校（已停辦）、光明學校、寶安商會一二校（已

注1：資料來自「跑遊元朗」專欄作者 Tere Wong 先生，特此鳴謝！

停辦）校監等。一九七〇年代初葉，元朗區人口持續增長，區內公立中學學位嚴重不足，趙先生多次向教育司署（即今教育局）提出辦學訴求，直到一九七四年趙先生逝世，辦學遺願由其子嗣繼承，從其教育基金捐出港幣一百萬元。教育司署隨後於一九七六年批准興建校，以趙聿修紀念中學命名，趙聿修紀念中學亦於一九七九年開始授課。

此外，於一九五〇年時，趙聿修先生於與另一位善長呂重德先生，發起建造荃灣圓玄學院。圓玄學院除了弘揚儒釋道三教文化外，亦設有社會服務部、長者安老服務，轄下設有護理安老院、安老院、老人中心及西醫診療所等服務單位。趙先生曾獲授太平紳士、M.B.E. 及 O.B.E. 勳銜，歷任香港寶安商會主席等。

風水有謂「善人葬福地」，趙先生身故邇後，其家人禮聘名師，於粉嶺龍山覓得龍穴「黃龍吐珠」，今次就以此作本篇主題。

## 前往交通

建議乘搭港鐵東鐵線，於粉嶺站下車，轉乘綠色專線小巴 54K，（來回粉嶺站至龍躍頭），於崇謙堂站下車，再尋路上山，是最為方便。

筆者不建議自行駕駛前往，因為崇謙堂位於鄉村之內，且村中道路狹窄，沒有足夠地方可供泊車。

面對崇謙堂門前，向自己的左方前行並轉右入小車路（路旁有河，切勿開車進入，是堀頭路），沿小車路去到盡頭，進入左前方之小徑，小徑稍前進約二三十米見有分岔，右轉前行約十米再轉左，樹林中有分岔路上斜，沿斜路往上約五十米盡處，便見龍穴在面前。**（見相1至8）**

由崇謙堂至龍穴，全程大約步行五分鐘之內。

相 1：崇謙堂門前，向自己的左方前行並轉右。

相 2：轉右入小車路 (路旁有河)

相 3：車路去到盡頭，進入左前方之小徑。

相 4： 小徑前行約二三十米見有分岔，右轉。

相 5：右轉後，前行約十米再轉左。

相 6：樹林中有分岔路上斜，沿斜路往上。

相 7：沿斜路往上約五十米便是盡處

相 8：去到小徑盡頭，見龍穴在面前。

## 來龍落脈

最近之祖山源自大埔之九龍坑山，主峰最高處海拔四百四十米，向西北方降勢，於桔仔山坳過峽，龍脈攀升三百二十米至龍山之最高峰（**見相9、10**）；從西南方之和合石山上觀看龍山，形如五指，坊間俗稱五指山（**見相11**）。

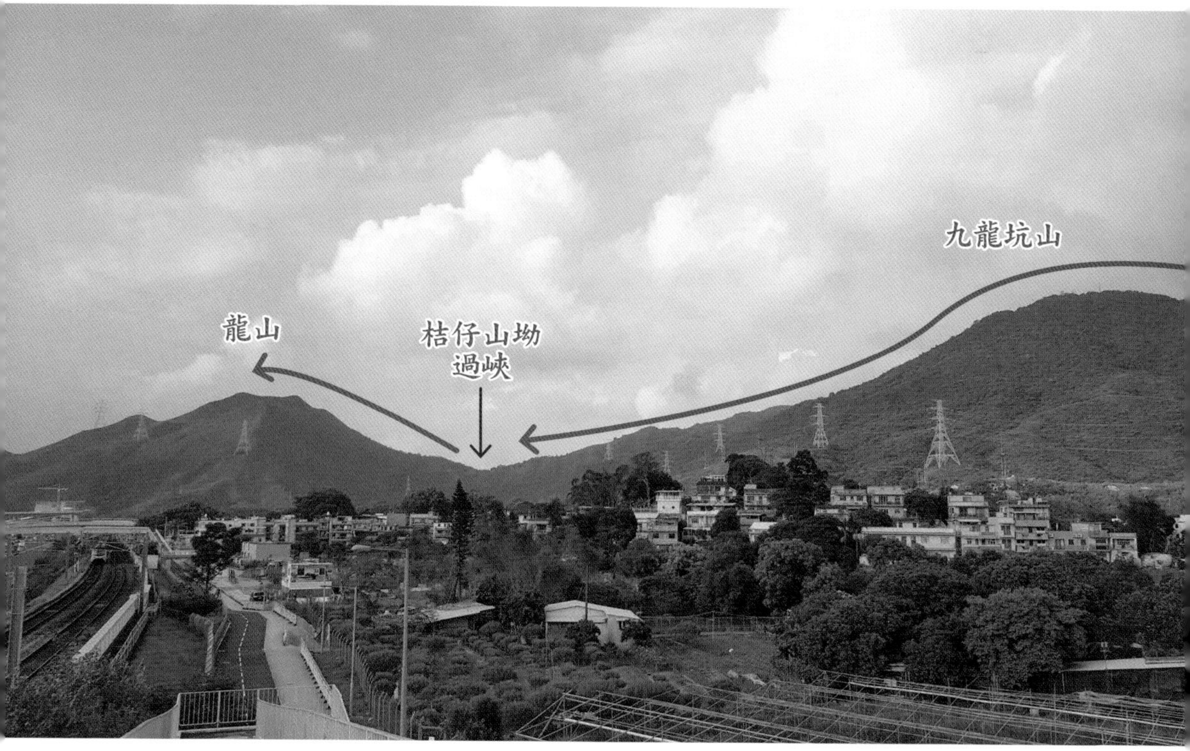


相 9：九龍坑山（見相片右），向西北方降勢，於桔仔山坳過峽，龍脈攀升至龍山（見相片左）。

相 10：粉嶺聯和墟高處拍攝之龍山全貌

相 11：和合石山上，所見之龍山形如五指。

請大家先參考**相12**，從山的西北方望去龍山，見龍脈由最右山峰（見相片中位置①），行進至略靠左之山嶺上（位置②），由此山峰大約循西北偏西方向落脈，於電塔處頓起金星（位置③），龍脈再輾轉經過數個金星跌頓化氣（位置④、⑤、⑥），然後再蜿蜒落下到達結穴金星，現在穴上金星已經被樹木密集覆蓋，「黃龍吐珠」穴就結在金星下（**見相13**）。

相 12：照片顯示來龍落脈之形勢，龍穴位置及扁平金星位置。

• 現場實拍 •

3.1 黃龍吐珠——穴上環迴拍攝

相 13：穴上被樹木密集覆蓋，已經很難辨別金星。

## 喝象「黃龍吐珠」

黃龍吐珠顧名思義，龍穴面前朝向必有龍珠而得名。龍珠者即是金星。古籍《龍經》有云：「**龍口吐珠十分殊，定產英豪貴顯兒**」。

今次趙聿修先生的「黃龍吐珠」穴，穴前雖然樹木雜亂，遮蔽明堂大部分景觀，站在碑前的確沒有法子看到龍珠在哪裏；但只要細心尋找，仍然可以發現龍珠的位置。

原來此穴龍珠，是一個圓扁形狀的金星，高度約只有十五呎以下，就在山下平地不遠處，而且剛好位於坐向線度之上。不過這圓扁金星，已被村內的三十八號及三十九號兩間村屋瓜分了它的地皮，並且兩間村屋都建築了圍牆，把圓扁金星圍封起來，所以現在很難發現它。**(見相14至16)**

相 14：三十八號及三十九號兩間村屋。細心注意鐵閘之後的樓梯，其地勢比門口較高。

相 15：三十八號及三十九號兩間村屋的圍牆

相 16：透過圍牆拍攝花園內實況，紅線所示為金星土丘高聳的地方，原本就是扁平金星（龍珠）所在位置。

# 龍穴略述

## 龍穴及碑文

趙聿修先生的墓穴，採用清朝時流行的青磚作建築材料，三環形式設計，以前只有大富人家才有能力建造三環大墓穴；換言之即是代表墓主是富家的意思。（見相17）

最內一環是金堂，即是最接近葬骨殖的地方，墓碑前面設有麻石打造的拜桌。（見相18）

墓門之下三級樓梯，寓意步步高陞。穴前左右各有石獅鎮守，整個墓地，看去氣勢相當不凡。（見相19、20）

墓碑上有橫書：趙思源堂，兩旁並附有對聯：「地靈人傑懷先德，雲蔚霞蒸啓後昆」。（見相片21及圖1）

相 17：趙聿修先生的墓穴全貌

相 18：金堂及拜桌

相 19：穴前石獅

相 20：穴前石獅

相 21：碑文相片

本山坐巽向乾兼辰戌軫宿十二度之原
土名安樂村地形黃龍吐珠
**二十世顯考諱聿修趙公墓**
奉祀男 樹勳永年 公輔天佑 眾子孫敬立
一九七四年甲寅仲夏吉日

圖 1：碑文原文

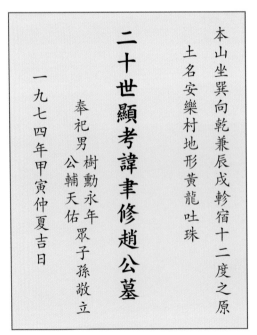

## 明堂及坐向

按照墓碑所述，坐巽向乾兼辰戌軫宿12度，坐向線度大約是坐山133度，向上313度。（見相22）

當年主庚地師所定立此線度，與天然線度尚有距離，致使未竟全功殊為可惜。

相 22：羅庚所示坐向線度

• 現場實拍 •

3.2 黃龍吐珠——較高處拍攝明堂

從前「黃龍吐珠」穴明堂大約是這樣的：穴前山腳之下，是其龍珠，即是現時三十八及三十九號兩間紅色瓦頂村屋所在地方。過了整個崇謙堂村，村前有麻笏河橫水過堂為龍穴所用（**見相23**）。粉嶺工業區安樂村較近明堂，原本這片地方過去是農地，主要以種菜佔大多數。

越過工業區，便是粉嶺聯和墟，現在見到明堂遠處中央及其較右方，有兩個大屋苑，由左依次是御庭軒及逸峰（**見相24、25**），這兩個屋苑造成一個大屏封，擋住了明堂中央及右側很大部分原有的龍局、山脈、砂水（**見相26**），就算去到山下空曠地方，亦只能略見部分明堂山脈景觀（**見相27**），殊為可惜。

相 23：崇謙堂村前面麻笏河

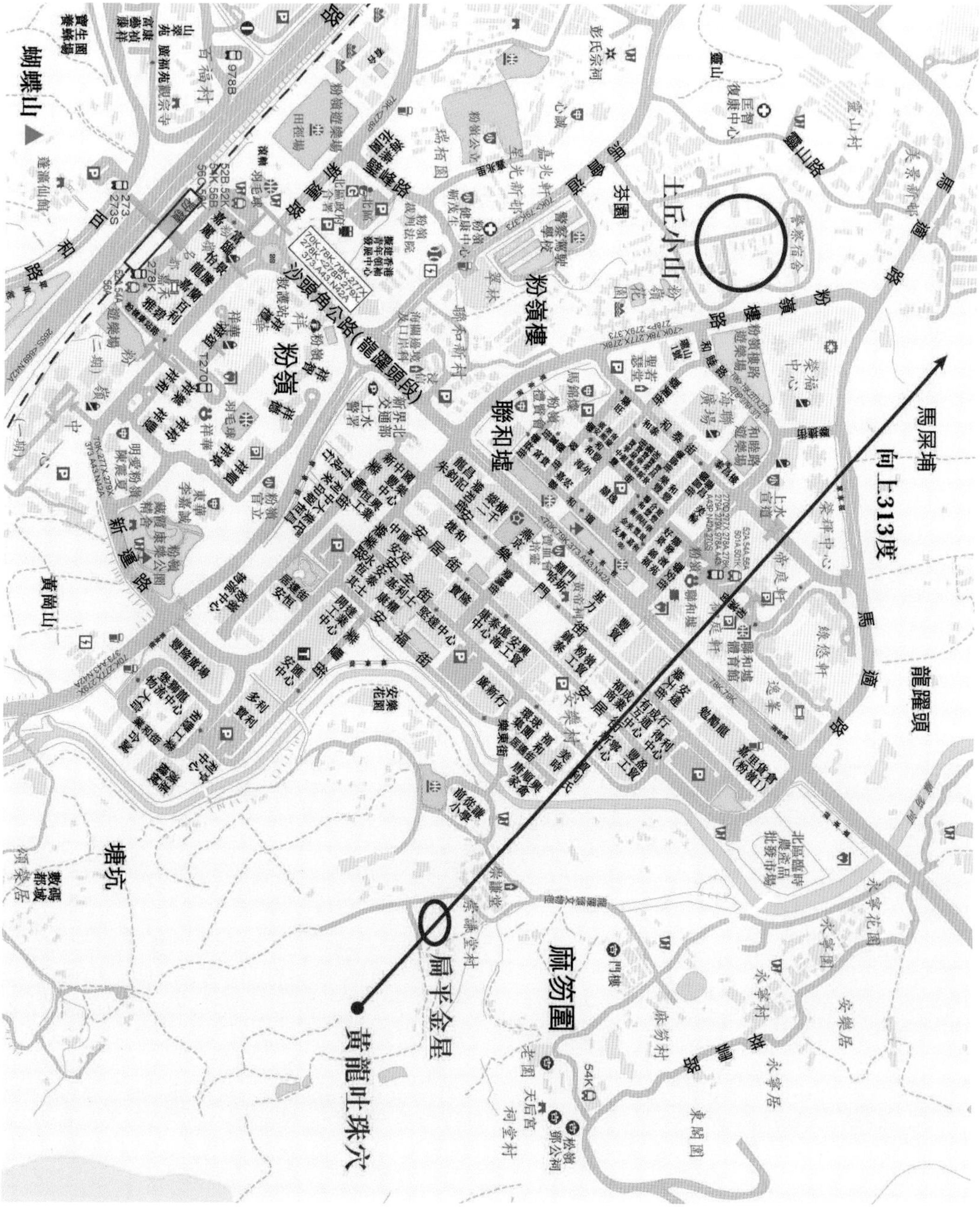
蝴蝶山
百和路
土丘小山
粉嶺樓路
沙頭角公路(龍躍頭段)
粉嶺
聯和墟
新運路
黃崗山
塘坑
馬適路
馬屎埔
向上313度
龍躍頭
麻笏圍
扁平金星
黃龍吐珠穴

地圖 1：龍局地圖

相 24：現在穴上明堂景觀，近處為工業村內工業大廈，中央遠處御庭軒，右邊逸峰被大樹遮了。

相 25：明堂全景照片

相 26：拉近拍攝御庭軒及逸峰之間的隙罅，尚能窺視遠處山脈橫案。

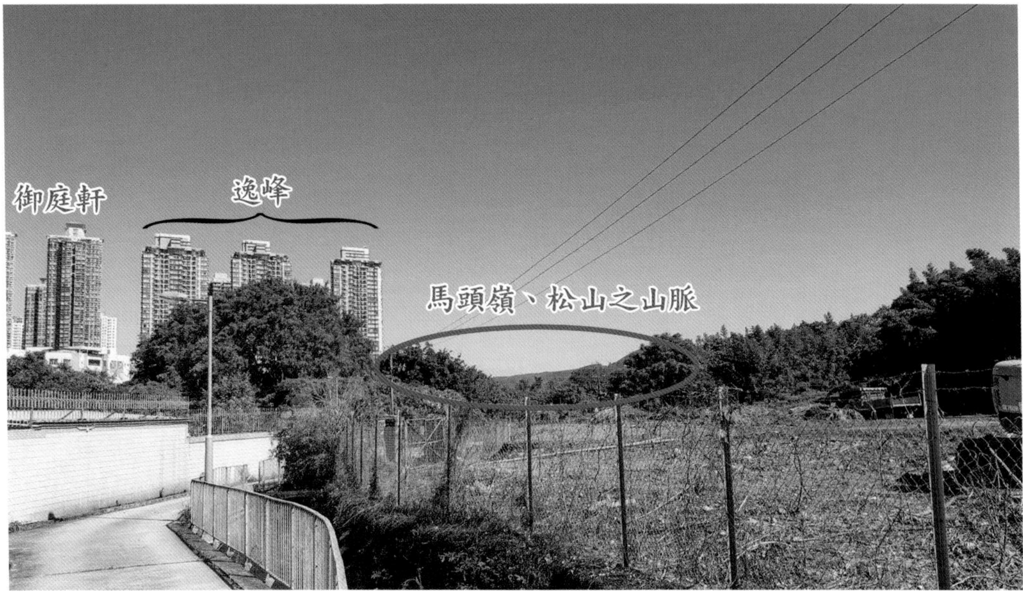


相 27：山下拍攝逸峰右邊，見到馬頭嶺及松山部分山嶺。

如果依據向上313線度，跑到聯和墟前面的和滿街及和泰街交界行人天橋上，就可以見到較多明堂上之山嶺（見相28）如馬頭嶺、松山等地方。若果直接去梧桐河岸望看西北方向，就可以見到上水華山一連串山嶺，橫臥在遠明堂作為案山（見相29）。現在明堂中央已經被御庭軒及逸峰兩座屋苑遮擋大部分景觀，只能在樓宇之間的隙罅，或山下逸峰右邊，尚能一窺遠山之橫案。若非現在明堂上建築起太多高樓大廈，從前遠至上水華山一帶，亦是龍局所涵蓋之範圍。

又於粉嶺樓路之警察駕駛及交通訓練中心內，尚有一個土丘小山，此山丘與龍穴互相呼應，可惜當年主庚地師，忽略了這個重點！（見相30）

又於穴上左邊肩膊，方位大約「申」、「庚」兩山之間，尚有蓬瀛仙館坐落的蝴蝶山，本來可以撥此砂峰入穴，可惜現在「黃龍吐珠」穴之上，樹木密蔽，一切景觀已不復眼前！（見相31）

相 28：在和滿街及和泰街交界行人天橋上，可以見到部分山嶺景觀。

相 29：梧桐河岸望看西北方向，就是上水華山一連串山嶺。

相30：粉嶺樓路之警察駕駛及交通訓練中心內，紅圈所示土丘小山位置。

相31：左邊「申」、「庚」方向之蓬瀛仙館及蝴蝶山。

## 龍穴點評

觀察整個墓地，四周樹木密蔽，龍穴好像被森林吞噬了。本來龍穴左下尚有一脈，亦被樹林覆蓋，這種情況風水學理叫「四面壁囚」，對墓中亡者、子孫後人皆有嚴重阻滯之影響！現在附近每棵樹木，樹身直徑已逾三四吋粗，屬於成年之樹木，隨時已有看不見的生命體依附居住，不可隨便砍伐，否則定會招咎。即使砍伐亦要事先進行佛門功德法事，並要預備七日以上通知，之後才能砍伐。以目前所見樹木數量之多，筆者估計至少三場以上功德法事，或可勉強安撫這些看不見的生命體。

風水學，一穴、一龍、一脈、一砂、一水、一平鋪，皆是天地造化所賜予，所以我們要以平等心、慈悲心態去對待天地間的萬事萬物，就算一塊大石，也不能無故隨便打碎，如果不知就裏打碎具有靈氣的石頭，那就分分鐘惹禍上身！

學習風水，或者為人家看風水，一句到尾都是「福報」，要令自己或人家得到福報，就要切記守規矩守戒律，若然不信，禍事始終遲早找上門！

# 第4章 元朗仙人大座

「仙人大座」這個龍穴，位處元朗橫州丫髻山向東山麓之上，是新界鄧氏第四世先祖鄧符協的墓地。按照鄧氏族譜記載，鄧符協除了是讀書有成考取功名之外，對於風水亦素有研究，尋龍點穴認識頗深，所以也把一個福力很大的龍穴，留作身後百年之地以蔭子孫。

## 前往交通

想要去到這個地點，要到元朗工業邨，由福喜街轉入福順街前行五十米，左轉行入一條小路然後再尋登山路口便是。只要依照下列**相1至9及地圖1**指示，便會順利到達「仙人大座」穴場。

相 1：由福喜街轉入福順街

相 2：福順街前行五十米左邊，往丫髻山小路入口。

相 3：小路之上回望入口

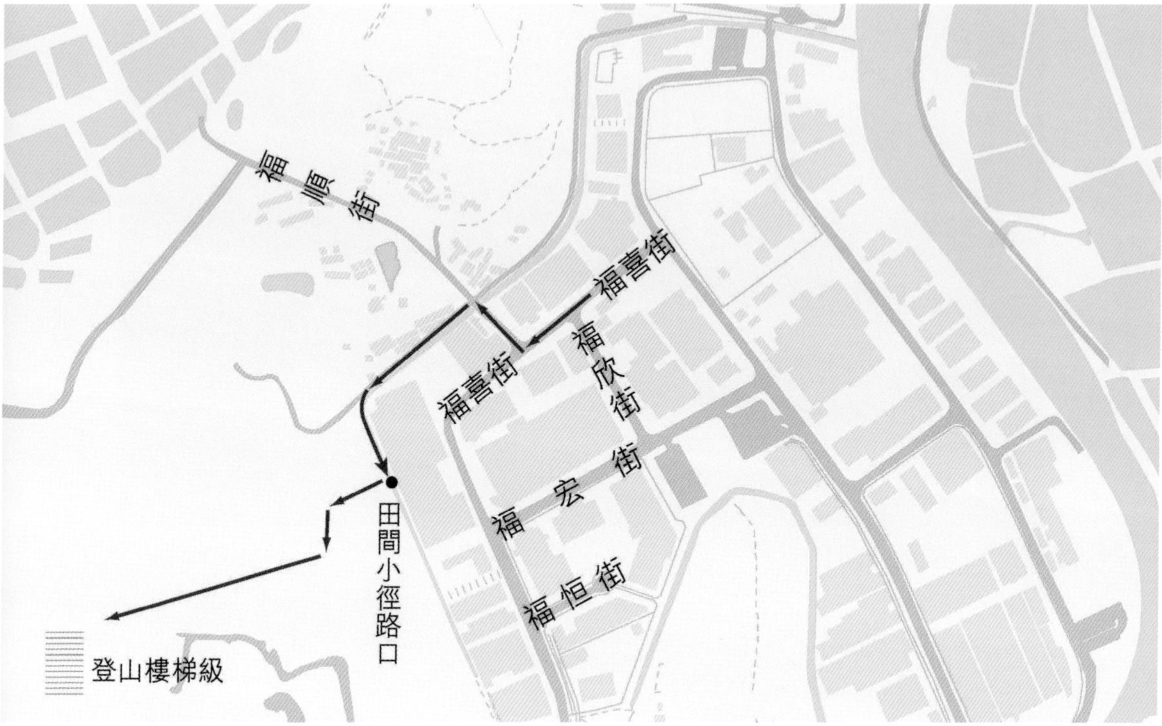


地圖 1：沿小路直入，過了村屋後，轉左前行約四十米，便見田間小徑入山，然後轉右便見登山梯級。

相 4：去到田間小路口，便見到丫髻山在眼前。

相 5：沿小徑前行

相 6：登山之路口

相 7：走近登山路口便見到石級，轉右過橋。

相 8：過了橋，再登上石級。

相 9：上到石級，便見「仙人大座」在眼前。

## 喝象「仙人大座」

「**仙人**」：風水學理，凡見到山形高大，外形左右均稱，這種外貌的山巒，風水地師稱呼為「人形」；為了更美化這個稱呼，便加多一個「仙」字上去，故云「仙人」。

「**大座**」：既然父母星辰（靠山）看似「人形」，山下左右具備青龍砂白虎砂，兩砂構成左右環抱龍穴的形勢，於是青龍砂白虎砂就是椅子的扶手形狀。令到整個外觀，好像一個人坐在有扶手的椅子之上（見圖1）；故名「仙人大座」。（見相10）

**補充：**

人形山，外形必須左右均稱。左右不均稱的山，則不能稱為人形。（見相11）

如果山形不是平面，很明顯見到凹凸不平，這種山是不能夠用來作靠山，更是犯忌的。（見相12、13）

如果山形看起來像個平面，是「人形」山之中好的形狀。見到左右對稱及平面的山，稱之為「有情」，意思是它來幫助福主後人的。（見相14）

命名「仙人大座」的龍穴，有一定的標準，凡以「人形」靠山作結，通常在三個位置才能找到結穴，若果離開這些位置，則永遠也不可以點中龍穴的！

這三個位置：口鼻、肚臍、下陰。

上述三個位置，其實是比喻結穴的高低位置，而並非叫我們在山上，找出口鼻、肚臍、下陰等形狀出來。曾經見過有現代的風水書籍，誤解陰穴，以為把地形相似男／女性下陰的，稱呼為陰穴，這個真是很大的誤會！

圖 1：人形石像，端坐在扶手椅子之上。

相 10：「仙人大座」龍穴的照片，穴後的父母星辰，左右對稱山上開平面 (見紅圈)，就是似「人形」的外觀。

相 11：上圖這個山雖然很高大，但是左右不均稱，不能稱為「人形」。

相 12：圖中所見之山，外觀很多凹凸，就不是「開出平面」的山形。不能作靠山，更是犯忌。

相 13：凹凸不平

相 14：圖中的山，也算是標準的「人形」山，左右平均，上半似一平面對着鏡頭。

## 來龍落脈

丫髻山左右各有兩個山峰，從橫洲工業邨方向望去，可以見到「仙人大座」落龍（**見相15**）；走到丫髻山腳下更見清楚（**見相16**）。去到龍穴官帽之上觀看（**見相17**），是由右邊的山峰頂上落脈，蜿蜒而下，經過五六個很矮小星峰（**見相18**），跌頓化氣，落到最後一個微茫小丘——玉枕，又名「化生腦」，由玉枕再下，便是龍穴所在位置。（**見相19**）

相 15：在橫洲工業邨停車場位置，看到右邊山峰發出一支山脈。

相 16：從入山的田間小徑，亦可以看到「仙人大座」落龍的大概模樣。

相 17：站在官帽位置上，拍得本龍穴的父母星辰，及較近穴場的落脈形勢。

相 18：玉枕位置，向上望到的父母星辰，及比較清楚的行龍落脈。龍脈自右邊最頂位置發脈，數字依次序代表沿路所經過之小星峰。

相 19：「仙人大座」龍穴氣勢雄偉，穴後（紅線所示）略拱起新月形小丘，名為「玉枕」又名「化生腦」。

# 龍穴略述

## 墓主及龍穴

這個龍穴已逾九百年歷史，所葬乃宋朝陽春縣令鄧符協，及兩位夫人廖氏、胡氏。（見相20）

重臨「仙人大座」龍穴，它雖然曾經於二○○九年重修完成，但是墓碑沿用以前那一塊，並沒有重新打造，現在所見碑文十分模糊，字體幾乎無法辨認，在下對於仍然使用殘舊墓碑頗不以為然。**（見相21）**

現在墓碑方向依然照舊，跟未經重修前相同，估計是鄧氏族人未敢輕易改動，恐怕改方向後對龍穴風水有所影響。

以前到訪此穴，曾抄錄墓碑內容，原文見圖2。

相20：「仙人大座」墓穴全景拍攝

公諱符字符協 迺處士諱旭公子 承務郎漢轂公曾孫也 登宋崇寧二年進士 官陽春令署南雄 承郎
公性好士 置田以資四方來學者 生二子曰陽曰布 陽生一子珪 珪生二子元英元禧 布生一子瑞 瑞生三
子元禎元亮元和 始分為五大房子孫繁盛 分處於東新二縣數千餘人 公與安人合葬於新安 土名丫髻山
仙人大座 寅甲向之原 自宋元明至 皇清甲戌歲六百餘年所矣 世承福蔭科甲代不乏人 公之封塋允
福地 然歷世永久遠 墓貌既舊 茲闔族子孫鳩工維新 乃於甲戌八月初七壬寅日 興工重修立碑永垂不朽云

**四世祖 考進士陽春縣令承務郎符協鄧公墓**

**妣 宋敕封 廖胡 氏**

康熙三十三歲次甲戌八月初七穀日五大房子孫立石

圖 2：碑文原文

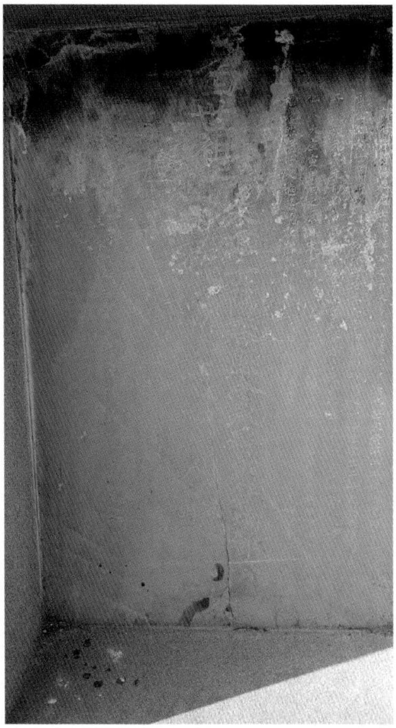

相 21：現在墓碑照片

依據墓碑內容描述，「仙人大座」於康熙三十三年（公元一六九四年）重修。立碑方向寅甲向之原。如果寅甲向（地盤寅向，天盤甲向），方向該是介乎60度至67.5度之間。

現在的石碑坐山254度，向上74度，坐庚向甲兼申寅。相差很大了，已經不是之前的度數。

根據穴場旁邊所立的重修碑記（**見相22**），說此墓穴在明朝嘉靖四十五年（公元一五六六丙寅年），也曾經過重修一次。

由公元一六九四年計算到二〇一七年（拍照年份），期間經歷三百二十三年，墓面建築不可能抵擋這三百年風吹雨打，估計墓地至少曾經進行重修（不包括二

相 22：「仙人大座」重修碑記

〇〇九年重修），亦有可能在昔日重修改動了方向。至於實際何時改動了碑向就不得而知，反正現在鄧氏族人無甚重大不好事情發生，也不必深究哪一個方向線度，孰優孰劣了。

## 龍穴

前述以「人形」作靠山，通常於三個位置結穴：口鼻、肚臍、下陰。

「仙人大座」是結穴於肚臍：從田間小徑，遠看丫髻山，就會見到龍穴在山麓較低處。我們只要將整個父母靠山，想像為一個人坐在椅上，山峰是頭部位置。那麼山麓較低，結穴之處就是肚臍的所在了！**（見相23）**

相 23：紅圈所示為龍穴所在，山形如人坐在椅子上，穴在肚臍位置。

補充：

通常龍脈去到結穴之處，便會止步不再前行。今次「仙人大座」的龍脈有些例外，它到達龍穴，還有剩餘的龍氣，在前方略靠為右邊，結出一個小小的砂頭，這是龍脈餘氣。（見相24）

若果龍穴結在地勢較高位置，兩邊龍虎砂兜抱穴場，同時青龍、白虎的界水，自然會匯合在穴前某個位置，這個兩水匯合處，叫做「水口」。風水學理穴場之上，絕對不可以看得到「水口」，如果在穴場之上看到「水口」，叫做犯「冷退」，即是墓穴的後人，會有破敗收場！

「仙人大座」是真龍真穴的大地，又怎會有這個「水口」破綻？這個龍脈餘氣砂頭，就是用來遮蔽「水口」破綻，無論站在

相 24：龍脈餘氣之砂（見紅圈）

半月形包金石壆，或是較後的結穴正中位置，已經被這個餘氣砂頭擋了視線，完全看不到「水口」。

這個天地之造化，真是神奇奧妙！

## 明堂及龍局

從穴上看左邊青龍砂較長（注1），由父母靠山肩膊延伸而下，然後向右拐彎，略為兜抱着龍穴。（見相25）

注1：一般而言穴上看房分，青龍管長房，白虎管三房，明堂管二房。現在此穴青龍砂甚長，按照此形勢，家族事務多數以長房當家，執掌事業之權力。

有些龍穴若果白虎砂為較長，橫過明堂中間，叫做白虎過堂。明堂中央管二房，白虎砂管三房，這個情況其實是由二房當家作主，三房為輔助。

坊間亦有些理論認為，左青龍右白虎，於是分為男左女右，若白虎砂勢強，看成女性當家云云。

• 現場實拍 •

4.1 鄧氏仙人大座——左右龍虎砂

白虎砂來自父母山之右方，拖出一分支脈，蜿蜒至高嶺，頓起扁長金星並開出平面映照龍穴，其勢較短而直，直下到平田。（見相26）

過了龍虎兩砂，是一大片農田在砂外，明堂中央較外，現在為元朗工業村之建築物，幸好這建築群不是很高，沒有對龍穴造成阻礙。大約在一九八二年未發展元朗工業村以前，穴上更可以看得見山貝河從右方往左來並橫過明堂，山貝河河水甚大，對昔日龍穴之風水庇蔭有很大的作用（見相27）。

整個龍局方面從左至右（見地圖2），青龍砂外近大井圍位置，有一個扁圓的娥眉砂（見相28）；工業村以外的遠明堂，先見較低矮的落馬洲，依次稍高的麒麟山、大羅天山，更高的雞公嶺（見相29、30）。右側見北大刀屻山，在天晴無霧霾的日子，亦能看見蠔殼山。右側較近處亦有一娥眉砂，土名豬黃嶺；以及白虎砂。（見相31、32）

相片 25：青龍砂全景，紅圈為龍穴「仙人大座」。

相片 26：白虎砂全景，紅圈為龍穴「仙人大座」。

相 27：於南生圍路拍攝山貝河，對岸為丫髻山 (見紅圈)。

相 28：明堂左側照片，近處為青龍砂護穴 (見紅線)，砂外大井圍一帶之村屋，扁圓之土丘乃娥眉砂。

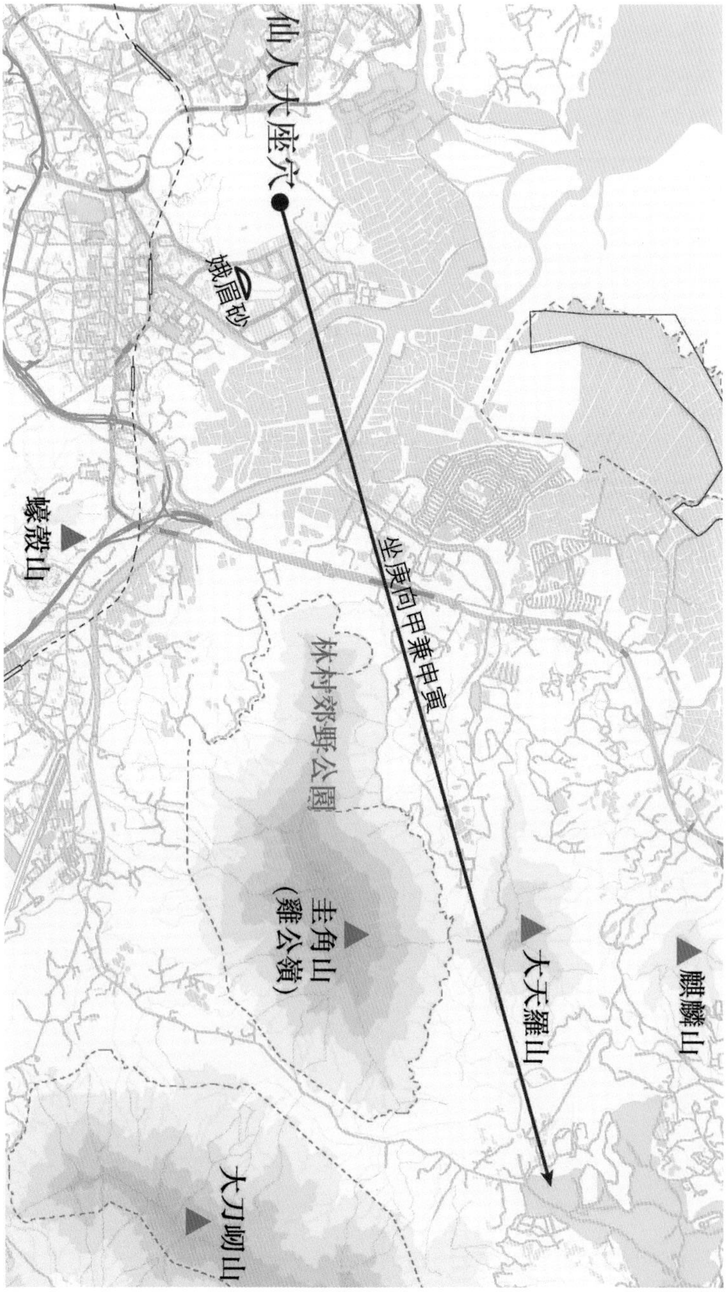


地圖 2：「仙人大座」的龍局坐向、及明堂所見之山巒。

相 29：穴上拍攝明堂正前方照片

相 30：山上較高拍攝明堂前方照片，左起落馬洲、麒麟山、大羅天山、雞公嶺及大刀屻山。

相 31：明堂右側照片，見白虎砂較短。遠處左起：雞公嶺、北大刀屻山、蠔殼山。較近扁長半月形土丘，就是娥眉砂，土名豬黃嶺。

相 32：明堂全景

**• 現場實拍 •**

4.2 鄧氏仙人大座——
高處拍明堂全景

4.3 鄧氏仙人大座——
穴上拍 360 度環迴

# 第5章 大埔仙人大座

在香港學習風水，只要提起「仙人大座」，很多人必定知道元朗鄧氏有一穴。其實香港並不止有一個喝名「仙人大座」的龍穴，原來台山龍溪鄉紳趙氏福緣深厚，亦擁有另外一個「仙人大座」，此龍穴於一九二〇庚申年被點出，距今只有短短百年歷史，相比元朗鄧氏雖然較遲，但是其龍局之美，絕對不遜色於元朗鄧氏，而且更過之而無不及！

## 前往交通

趙氏之「仙人大座」龍穴位於大埔運頭塘山上。

- **公共交通：**

乘坐港鐵東鐵線去大埔墟站，在新達廣場附近，轉乘綠色小巴20S往馬窩村，在山上迴旋處下車，然後開始上山。

- **自行駕車：**

於大埔墟新達廣場附近，由南運路入達運路，再轉入馬窩路，過了新峰花園三期之御峰園，便是迴旋處，附近有咪錶泊位，再步行上山。

# 上山之路

馬窩路山上迴旋處較前位置，左邊有一小路，由此開始入山。前行不久是「忠和精舍」之閘門，走旁邊小橋過河，稍前經過行人隧道（隧道上方是吐露港公路），出行人隧道左轉上斜，然後右轉，經過樓梯依舊直行，不久又見有分支路，仍然直行，過小溪轉右，前路見到有一幅石牆即往左邊，沿石牆行數步再轉右，依石級路一直向上行，來到平地處，望去左邊山上，已見龍穴蹤影，因為山上的平地為私人莊園，必須沿着莊園之鐵線網圍欄，一直靠左前行，來到一片空地，便可靠近龍穴，面對龍穴的左邊，有一條泥路梯級，由此直登龍穴。**（見相1至19）**

由路口步行到龍穴，全程約十五分鐘。

相 1：前面是馬窩路迴旋處，在此下車。

相 2：迴旋處前有小路入山，外有 20S 小巴站。

相 3：忠和精舍之門

相 4： 走旁邊小橋過河

相 5：前行經過行人隧道

相 6：離開行人隧道左轉上斜

相 7：上斜，然後右轉。

相 8：經過樓梯，直行。

相 9：見分支路，仍然直行。

相 10：過小溪轉右

相 11：前路見有石牆往左邊行

相 12：沿石牆行數步立即轉右 (紅色箭嘴指示)

相 13：沿石路一直向上行

相 14：平地左邊山上，已見龍穴蹤影。

相 15：沿着莊園之鐵線網圍欄一直靠左前行，來到一片空地。

相 16：靠近龍穴

相 17：面向龍穴的左邊，有一條泥路梯級。

相 18：由此直登龍穴

相 19：到達龍穴

## 來龍落脈

趙氏「仙人大座」來龍，源自大帽山向東北出脈，龍脈轉東行至燕岩以北附近，轉勢東北發展（**見地圖1**），到衛奕信徑8段前，頓起大金星並向左右伸展大帳（**見相20**），中出一山脈，越過衛奕信徑直奔下山（**見相21**），初時龍脈比較傾斜，經過一段混凝土石級之後（**見相22**），龍脈下落斜度漸緩，而且路上已經漸漸化氣，泥路上已經少有粗頑石塊（**見相23**）。

此龍脈身型幼長如蛇，亦如鳳頸低垂般模樣，沿路龍身稍作擺撥，略呈S形蜿蜒而下，穿過半路之座一高壓電塔，再下落頓起金星，在此結出「仙人大座」（**見相24**）。

面向「仙人大座」龍穴，右旁有泥路可以一直步行到山上衛奕信徑8段，距離約有百多米。

**• 現場實拍 •**

5.1 趙氏仙人大座——龍脈下山

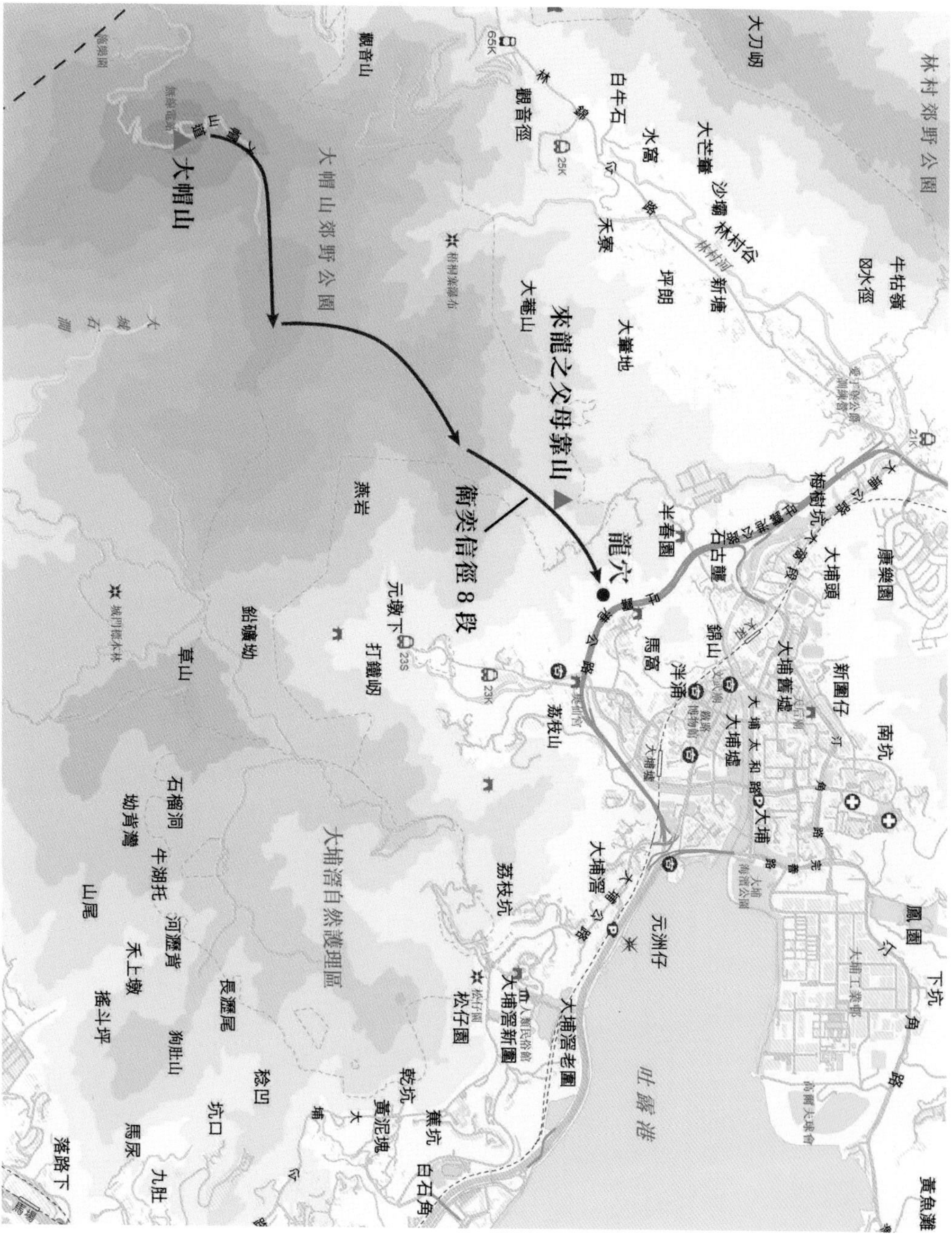


地圖 1：地圖顯示來龍出脈

相 20：山上大金星乃父母星辰（上方紅線），大金星向左右兩邊伸展，開出大帳，中間拖脈一支龍脈（紅色虛線），下面頓起結穴金星（下方紅線）。

相 21：於衛奕信徑 8 段拍攝，龍脈經過右邊電線桿，直奔下山。

相 22：電線桿旁邊之段混凝土石級，此段最傾斜。(見紅圈)

相 23：龍脈落下到電塔附近，已變得平緩，沿路是泥，不見粗硬頑石。

相 24：全景拍攝「仙人大座」，龍穴之父母金星全景。

補充：

這個龍穴來龍落脈有一個特色，後面一個大金星，前面一個小金星（微茫金星不算數），這樣子叫做「大小貴人」，尋龍點穴之經書有云：大小貴人者，一峰低小一峰高大也，上格龍主：子父、叔姪、兄弟同科同朝。（見圖1及相25）

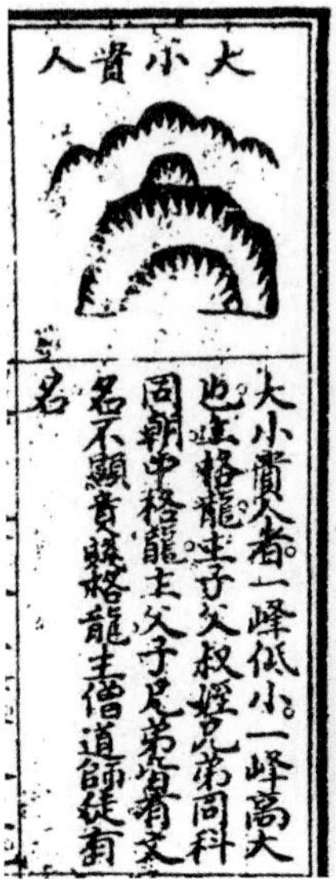
大小貴人

大小貴人者。一峰低小。一峰高大也。上格龍主子父叔姪兄弟同科同朝。中格龍主父子兄弟皆有文名。不顯貴。下格龍主僧道師徒有名

圖 1：經書所述「大小貴人」格式

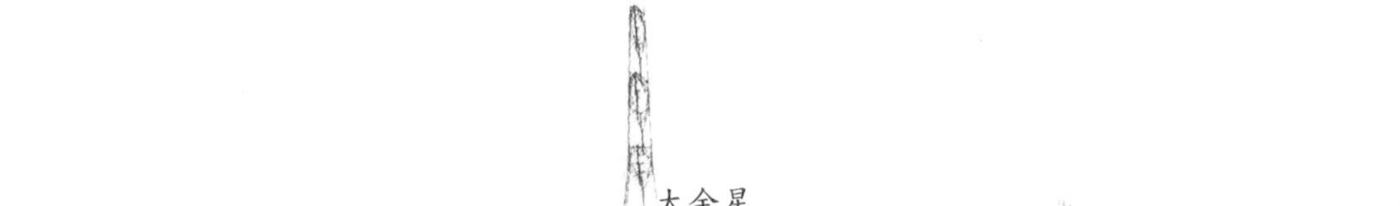


相 25：龍穴之來龍，正合「大小貴人」格局。主應長幼聯芳光耀門楣。

# 龍穴略述

## 龍穴及墓主

這個龍穴以孖墳形式造葬，左穴葬十五世祖維耀公及祖妣張氏，右穴葬十八世祖宗鰲公，另外於十五世祖維耀公之墓門之前，分別附葬十六世祖道成公、十六世祖煥章公與夫人龍氏，各列於左右。**（見相26至28及圖2至3）**

相 26

相 27：左邊墓穴之石碑

公迺寬昌公之長子也妣張氏生二子公妣合葬
土名大埔市泮涌背底永頭塘負庚揖甲兼酉卯
之原地形仙人大座玆將鐫石以永垂不朽云
地師江先生子雲卜吉定針

清十五世顯祖 考維耀趙公府君
妣張氏淑德孺人 之墳墓

主鬯曾孫作霖等立石

民國九年歲次庚申七月吉日重修

圖 2：左邊墓穴石碑原文

相 28：右邊墓穴之石碑

宗鰲公迺台山龍溪房必弦十八世孫是允
治公之次子也淑配李氏公安葬新界大埔
墟泮涌村后土名永頭塘本山負庚揖甲兼
酉卯喝作仙人大座形兹將鐫石以永垂不朽
焉　地師江子雲先生定針

**清十八世先考國學生諱宗鰲字健漢號志乾趙公墓**

世居台山縣龍溪鄉主鬯男仲登等立石

民國九年歲次庚申孟秋重修

圖 3：右邊墓穴石碑原文

每個墓碑前面地上，分別打造一塊拜桌，刻有文字：台山龍溪，趙善慶堂拜桌。（見相29）

## 坐向線度

現在量度墓碑，坐庚向甲兼酉卯，坐山261.5度向上81.5度。可惜此一線度與天然方向尚有距離，令到龍穴福蔭稍為打些折扣矣。（見相30、31）

相29：墓碑前方拜桌刻上「台山龍溪　趙善慶堂拜桌」。

相 30

相 31

## 明堂龍局

趙氏「仙人大座」穴前明堂氣勢實在不簡單。首先它的白虎砂緊緊貼着穴前橫過明堂，並在面前展開大片平地，作為穴前寬敞的案砂。

白虎砂外更有一重外白虎，雙雙拱照龍穴。青龍砂則從外繞穴與此兩重白虎砂交匯，使到龍氣緊密關鎖於明堂之內。**（見相32、33）**

又穴上前方略左位置，見到一大金星，名「錦山」，矗立於青龍砂外，山形端正高大秀麗，更是開面映照穴上，此錦山親切有情，是本家龍穴之「官星」，亦是「金印」（注1），可助後人文韜武略顯貴不凡。**（見相34、35）**

**• 現場實拍 •**

5.2 趙氏仙人大座——白虎案上環迴拍攝

注1：「官星」，又稱「印砂」、「玉印」。《龍經》有云：「問君何者謂之官，朝山背後逆拖山。」所謂「官星」，即是在龍虎砂外面發出餘氣之山，於龍穴面前者稱「官星」，為富貴龍穴之證也。

又云：「禽曜星與官鬼，都是好龍生秀氣。穴前穴後龍虎旁，有此定為公相地。」

相 32：穴前明堂景觀

相 33：右側景觀照片

相 34：穴上左側之景觀

相 35：穴上拍攝「官星」、「金印」之錦山。

相 36：穴上拍攝明堂全景照片，前面建了很多公共屋邨，把明堂遠處的水局，阻擋太多了。

現在去到穴上，明堂風水的確甚好，只不過正中央建成了很多公共屋邨，似乎把明堂遠處的水局，阻擋太多了。**（見相36）**

昔日明堂前方，未曾興建高樓之前的模樣更加可觀，欲看此景必需登上衛奕信徑，便可飽覽全貌。

於衛奕信徑上，把眼界越過山下樓宇，外明堂整個吐露港水局就在眼前。

**• 現場實拍 •**

5.3 趙氏仙人大座——穴上明堂

現在龍穴立坐庚向甲兼酉卯（坐261.5度向81.5度），以「馬屎洲」島上之金星為遠朝中線，此島又為遮蔽吐露港出水口之作用；左旁有鹽田仔（現今大埔比華利山屋苑）。

水局遠處群山簇擁，由左至右分別為八仙嶺、橫嶺、然後就是西貢之擔柴山、石屋山，最後是大埔滘之半山洲（現今之大埔寶馬山、悠然山莊等屋苑所在地）。這片水局密不透風，正合山環水抱，藏風聚氣收山水兩相宜。（見相37）

**・現場實拍・**

5.4 趙氏仙人大座——衛奕信徑拍吐露港水局

**補充：**

**有謂「山管人丁水管財」，其實見水不止可以論財。五行而論水乃主智，為蔭發子孫後人聰明才智之源流。過去明清兩代，浙江、江蘇兩省所產狀元人數冠於各省，因為此兩省之地理形勢，皆高山少平地多而湖泊、河流、水田更多，故此該兩省之龍穴多見水局特利文采，由此可見一斑。**

山上右側，更可見草山山峰，下拖龍脈到半山洲山嶺，山外有馬鞍山一個山峰。（見相38）

相 37：衛奕信徑上拍攝外明堂

相 38：山上明堂右側

左側最遠見九龍坑山，其次鳳園山上之沙螺洞、黃嶺、八仙嶺。（見相39）

## 龍穴點評

趙氏「仙人大座」，雖然遠明堂水局今非昔比，已被前面公共屋邨遮擋甚多。但是論父母星辰格局、來龍落脈之靈動活潑、穴上撥砂之貴顯親切有力、龍局之上收山收水，每一個課題均是難得一見的上上之材。

一個龍穴作兩個墓穴造葬，筆者認為是風險很大的葬法。因為龍穴的面積大小總有限制，經驗見過最大的約有一百方呎，最小的只有區區一呎丁方。現在兩穴距離，以石碑計算約有十呎之遙，如果龍

相 39：山上明堂左側

穴面積不足夠覆蓋二穴，這樣則有兩個可能性：一穴得力另一穴不能沾得龍穴庇蔭，或是兩個墓穴都沒有沾得龍穴庇蔭！

又風水學理素來講究「葬乘生氣」，這種造葬方法，對於穴中先人骨殖只是有害無益，因為骨殖離開了龍穴範圍，就跟普通墓地沒有分別，濕氣、水、螞蟻隨時損及骨殖霉爛發黑，甚至骨殖完全被侵蝕掉。而且於風水福蔭後人之力量必定大大折扣，未竟全功甚是最可惜。昔年來訪此墓，見舊碑氣色甚為殘破，信而有徵焉。**（見相40）**

此地龍穴本吉，可能福主為乎合禮制規矩，因而誤將墓穴一分為二，兩個墓穴之間距離太遠，變成兩個墓穴都沾不上龍穴的庇蔭，線度亦稍為差強人意，以至牛刀殺雞大材小用，亦猶如千里駿馬誤將去犁田，可惜之極矣！

相 40：昔日墓碑之不佳氣色，拍於二〇〇三年。

# 第6章 紅花嶺雙金揖水

本書前已介紹了十七世趙氏顯達公之「雙金揁水」（見50頁），加上拙作《香港‧尋龍點穴錄》又曾評述丫髻山鄧氏覲廷公之「雙金揁水」，現在又再寫「雙金揁水」，讀者似乎看到太多相同形式的龍穴，或生厭膩之感。

今次主題的墓穴，位於沙頭角的紅花嶺（**見相1**），坊間有人稱之為「雙金揁水」，之所以介紹它的主要原因，乃因為這是值得給予尋龍點穴風水愛好者，把「尋龍」和「點穴」兩套功夫，重新作出深層思考的現實教材。

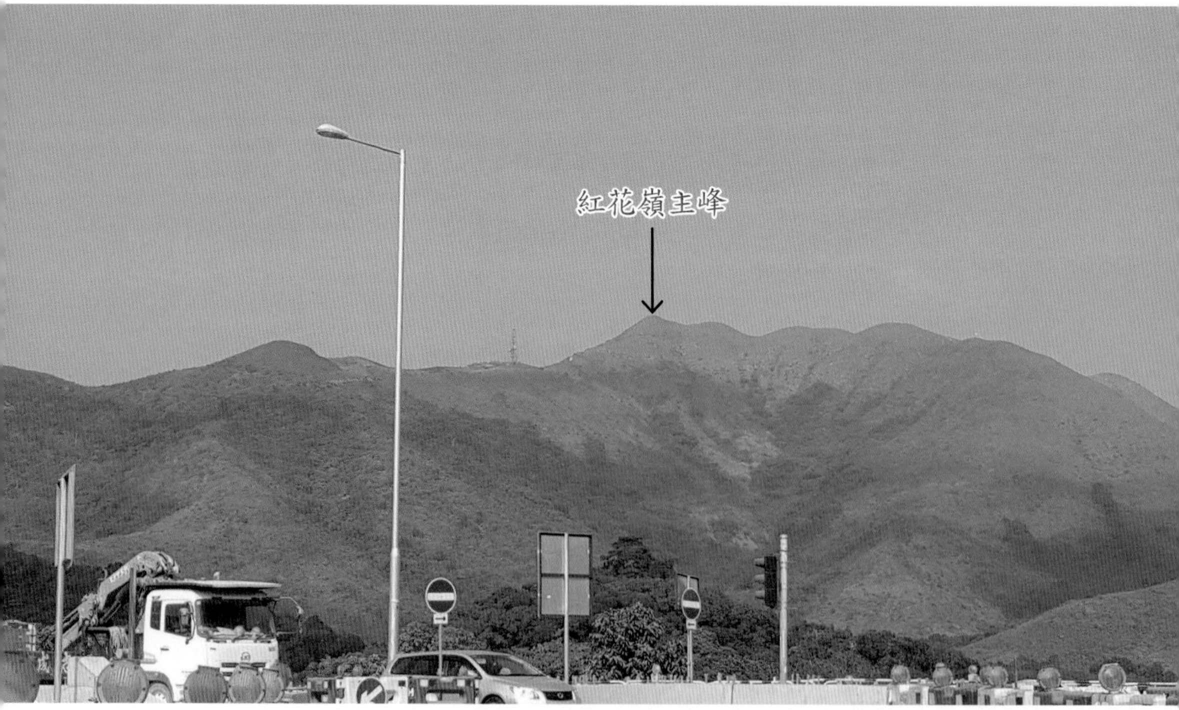


相1：於禾徑山路及沙頭角公路交界拍攝之紅花嶺，山上電訊發射塔旁邊之最高峰，是紅花嶺之主峰，海拔四百九十二米高。

## 前往交通

前往沙頭角公路，轉入禾徑山路，於萬屋邊附近，有山路可直到紅花嶺上。可以先去到東鐵線粉嶺站，再轉乘公共交通工具。

**• 公共巴士：**

78K，由上水總站開出，路經粉嶺站，於萊洞站落車。

**• 綠色專線小巴：**

55K，粉嶺站來回沙頭角，於萊洞站落車。

在此兩站下車後，沿禾徑山路步行而入，約十五分鐘見到萬豐路，再前行約六十米，右旁有一無名路口，進入此路前行約五十米轉右，便是開始登山之路（見相2至6），山路全程約三公里，紅花嶺主峰四百九十二米高。步行上山約需一個半至兩個小時左右，視乎各人體力。

**忠告：絕不建議汽車上山!!!**

**由於山路異常狹窄，汽車一旦進入絕不能掉頭，避車位置亦非常少（至少七八百米才有一個），山路斜度亦甚大；路旁欄杆由簡陋石柱及鐵鍊組成，安全指數甚**

低！大部分路段一邊是山壁另一邊是懸崖深坑。假若不幸碰上對頭車，任何一方需要倒車定必十分危險。為安全起見，請勿駕車上山，況且本篇文章公開之後，必定有更多人到訪此地。山頂之上只有僅可容納兩車停泊及調頭的空間，再多車輛來到，必定發生大亂子。敬請讀者切勿犯險為要！

到達山頂車路盡處，最先見到豎立了一個電訊轉播塔（見相7），靠左會見到一條泥路，往上走（見相8至10），沿路頗為崎嶇，務必小心。過了泥路之後變平坦山徑（見相11），初時只有一條山徑，前行至一山坳便要轉左（見相12），進入山坳前方見一小金星（見相13），並沿小徑上坡，越過小金星便見有幾個較低矮

相2：沿禾徑山路向西行

山峰聚成一個平窩在不遠處（見相14），這裏就是目的地。愈是走近平窩就愈見寬闊（見相15），走去草地的中間，就可以發現有一個墓穴（見相16），即是今次主題的——一個被坊間稱為「雙金擯水」的墓地。

相 3：右邊有貨車駛出為萬豐路之路口

相 4：再前行約六十米後，右邊有一路口。

相 5：進入無名路

相 6：前行約五十米轉右開始登山

相 7：到車路盡頭及電訊轉播塔

相 8：車路盡處靠左走上爛泥路

相 9：泥路景一

相 10：泥路景二，直往上行。

相 11：來到平坦山徑

相 12：前行去到山坳轉左，如紅色箭嘴所示。

相 13：山坳前方見一小金星，並沿小徑上坡。

相 14：越過金星，見前方之低矮山峰及平窩，便是目的地。

相 15：愈是走近平窩就愈見寬闊 (見紅圈) 。

相 16：進入平窩後，墓穴就在下面草地中間。

相 17：葉姓福主之墓穴

## 來龍略述

紅花嶺位處新界東北，來龍源自深圳的梧桐山，在梧桐山山上的盤山路，龍脈以艮龍過峽進入香港地界，此過峽處成為深圳河（向西流出后海灣）及沙頭角河（向東流出沙頭角海）之分水嶺。

## 墓穴及明堂

此墓由姓葉福主所葬（見相17及圖1），墓地位於平窩的中央大片草地之上，進入平窩，可見到野草長得頗長，差點就把墓地完全遮蔽，但只要有耐性總會找得到。

妣乃開喬祖之元配生子有五慈人
吉葬紅花嶺頂吉地坐酉山卯向
兼庚甲分金之原以誌永垂不朽

**民顯妣謚葉太母陳氏老太淑德孺人之墓**

奉祀男應（高育宏泰忠）後人眾子孫立石
二〇〇二年壬午歲次夏月吉旦重修

圖 1：碑文原文

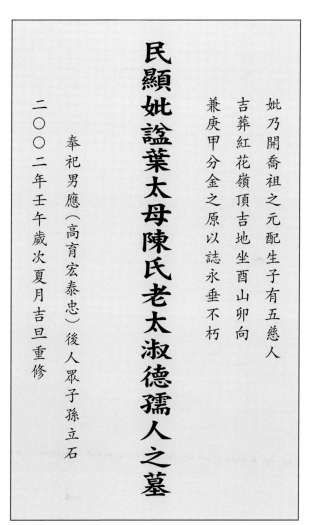

關於此穴之明堂，初步觀察墓地和一般「雙金揖水」龍穴沒有分別，穴後左右各有一個金星，墓地後方亦見紅花嶺主峰作為樂山。**（見相18、19）**

主庚地師把墓地點葬於草坪中央，方向則取坐西向東（坐酉向卯）作為規劃，墓地附近有四個金星。

這樣每個金星大約位處：乾（西北）、坤（西南）、艮（東北）、巽（東南）四個位置上，可能昔日地師想法是刻意製造「乾坤艮巽」四峰並起的格局。大家可先行參考手繪山圖**（見圖2）**。

相 18：近拍墓地全景，左右後方各有一個金星，紅花嶺主峰作為後面的樂山。

相 19：於橫案上，拍攝墓地、左右金星、背靠之樂山。

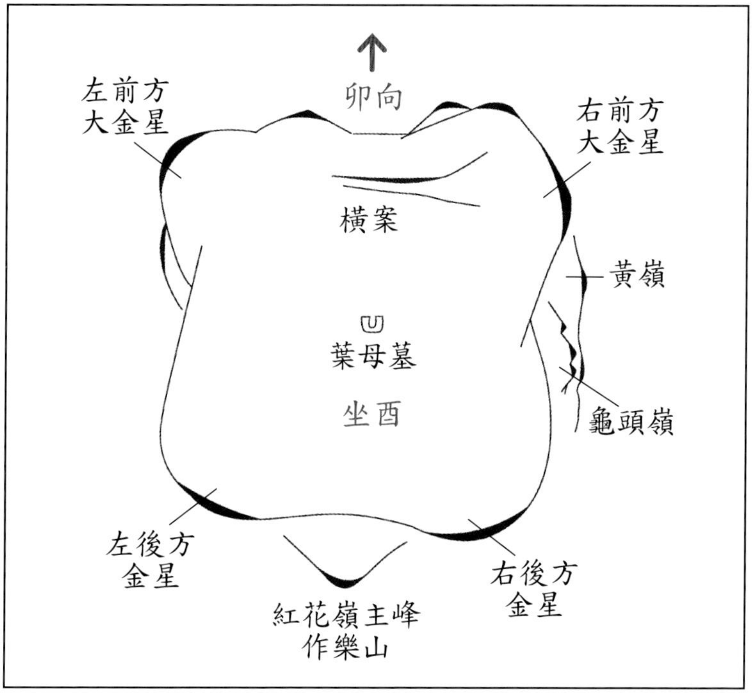


圖 2：紅花嶺上葉母墓之手繪山圖，由於墓地葬於草坪中央，附近四個金星便會位處西北、西南，及東北、東南，形成「乾坤艮巽」四峰並起的格局。

墓地的前面有左右兩大金星（**見相20、21**），可是兩個金星之間封鎖不密，仍然可以望到山下的深圳沙頭角海及大鵬灣的鹽田港；但右前方之大金星腳下伸出一支橫案，剛好封閉這個空隙（**見相22**）。

或者因為坊間風水口訣：「伸手摸著案，腰纏千萬貫」，這樣更令到昔日主庚地師，更有決心在現時位置為人點穴造葬。

**• 現場實拍 •**

6.1 紅花嶺上雙金損水——
墓地環迴拍攝

6.2 紅花嶺上雙金損水——
橫案上看墓地

6.3 紅花嶺上雙金損水——
高處環迴拍攝

相 20：左前方之大金星

相 21：右前方之大金星

相 22：前方明堂，前方左右各一金星，墓地朝向中間空隙，右側金星拖出橫案（紅線所示），仍可望到山下的沙頭角海。

## 龍穴點評

葉氏祖墳初看似是頭頭是道，很像一個龍穴，但是細心去觀察，卻有很多的破綻出現：

（一）墓地面前沒有明顯的唇托（平鋪），凡結龍穴，穴前平鋪乃是必有之物，而且平鋪地勢必定比穴下其他地方稍高。可惜此墓地由穴前包金以外的草地，去到數十呎外橫案為止，其地勢一直甚為平坦，甚至愈往前則愈高，穴前並沒有比較低下之地勢。（見相23）

（二）此墓被點在一條分支脈的邊陲，墓穴前方的左側，地勢比墓內拜台更高；但是墓穴右側以外的地

相 23：墓前半圓形泥水包金，以至前面的橫案的一帶草坪，愈是往前則愈高，由此可見，穴前的平地並沒有高過週圍的地方，故此面前包金範圍及草坪，根本不是本墓地之平鋪。

勢，比墓內拜台略見低平，墓右側再往外數呎，地勢只有更加低下。換言之此墓地，是位處分支龍脈的邊緣地帶，而且被硬生生地扭轉了90度方向去造葬。**（見相24）**

（三）此墓之點穴位置，後方並無「小金星」又或「玉枕」緊貼，異於正常龍穴之特徵。它的後頭十多二十呎內，依然是低窪地帶。**（見相25）**

（四）墓地已經脫離主龍脈之覆蓋範圍，《龍經》有云：「**坐下若無真氣脈，面前空有萬重山**」。現在墓地跟主龍脈完全脫勾，等於足球賽的十二碼罰球，可惜主射者把皮球射失，越過龍門而

相 24：墓地左外側（見相片右方）見到較高之泥地（見紅圈）；墓地之右外側（見相片左方），紅色箭嘴所示之地方，完全是較低地勢。

去！唐朝楊公傳人劉江東先生有云：「山下成爐底（注1）、斷其有結無差」。今次之造墓地點，早已超越「爐底」的界線，皮球飛到老遠！

（五）墓地右側90度之肩膊位，山巒包裹不密出現凹風（見相26），這個奇怪現象往往出現於普通墓地之上。從現場觀察，右邊膊明顯出現穿崩，雖然遠處有黃嶺、龜頭嶺群山阻擋，但是真龍真穴的之地，龍虎兩砂必定源自本家父母星辰，外山只可撥砂，不作龍穴之護衛，所以這是真正之凹風煞！

**綜合以上五個嚴重錯失，此墓地並非龍穴，只是一般普通造葬而已！**

注1：「爐底」，是斷定龍穴的其中一個旁證，但凡龍穴必定結於「爐底」的上方，龍脈過了「爐底」之後，就會完全收止龍氣。

相25：相片中人位置即墓地所在，此位置亦可印證墓地後方，沒有凸起之小金星作倚靠。而且後頭十多二十呎內，依然是低窪地帶。

為甚麼今次這個墓地風水，會有這麼多的錯誤發生。估計昔日地師以眼前的明堂、形局、橫案，作為入手的開始。這是一般風水學子常犯的通病，學子們看古墳多了，很容易產生錯覺，以為完全明白了整個尋龍點穴的操作。

其實尋龍是一套功夫，點穴又是另一套功夫。而且關於坐向線度，即使熟悉三元、三合及各門各派的安碑立向理氣方法，也還未去到確定天然方向的能力。

去到點穴時候，需要注意的細節十分之多，有句西洋諺語：「魔鬼在細節」，為福主點穴時，只要巒頭上一個簡單細節出錯，輕則點歪龍穴令到福力大打折扣，重則脱離龍脈，龍穴失諸交臂矣；更可能隨時交出一個冷退墓穴，害到福主丁財兩敗，家散人亡，風水地師則必須承擔因果之責任矣！

三年行山方入門，十年苦功才點穴！

相 26：墓地右邊膊明顯出現凹風，雖然外見黃嶺 (遠者)，龜頭嶺 (近者) 阻擋外洋，可惜無甚作用。

# 第7章 七星金龍穴

中國數千年歷史以農立國，傳統社會把人生發展方向，分作士、農、工、商四大類別。平民百姓想出人頭地，只有透過讀書考試途徑，爭取功名就能進入仕途，從此離開平民階層，並因為考取功名光耀家門，亦會受到鄉里敬重。

坊間對於風水的理解，一般以為風水只是幫助好運，令人家發財發富，這個觀念未算完全瞭解風水。因為遠古的風水，作用於定都邑立村寨，這是涵蓋了「發展」的意義。家師嘗言：「風水龍穴分兩種，一種發財，另一種發官貴。發財的龍穴隨處皆有，風水地師根本不屑去多看一眼；只有發功名官貴的龍穴最為矜貴，絕不容易覓得，這種龍穴不會隨便授予等閒之人，除非福主乃向來行善積德者。」

由此亦引申出一個問題，如果家山祖墳沒有蔭發官貴的條件，子孫後代欲求官貴，小官小職尚可，大官大貴絕非易事。因果與風水兩者是對等，兩者總有一個互相呼應的關係存在之所以然。

錦田鄧氏家族福緣深厚，擁有不少風水名穴，其中有一龍穴曾經連續蔭發多名子孫科舉，由於此龍穴亦無喝象名堂，年月久遠已漸漸被人忽略。因為此穴沒有名堂，就以其來龍經過七個金星跌頓落脈，姑且名為「七星金龍」穴，方便後面的解說吧！

## 前往交通

- **港鐵「西鐵線」：**
  - 於錦上路站下車，轉乘251B巴士到七星崗站下車，然後入村。（由路口到七星崗村，步行需時六至八分鐘。）
  - 於元朗站下車，於朗日路「形點II」有中途站，轉乘77K巴士到七星崗站下車。（由路口到七星崗村，步行需時六至八分鐘。）
- **港鐵「東鐵線」：**
  於上水站下車，前去上水廣場巴士總站，轉乘77K巴士到石崗菜站下車，向西步行，尋得七星崗路口再入村。（由石崗菜站到七星崗村，步行需時八至十分鐘。）
- **港鐵「荃灣線」：**
  於荃灣站下車，前去荃灣政府合署地下巴士總站，轉乘251M巴士到石崗菜站下車，向西步行，尋得七星崗路口再入村。

## 入村之路

錦田公路以東，石崗停車場斜對面，就是七星崗的路口，甫進入數十米便需右轉過橋，然後沿大路而行，此路名「有福路」，但沿途未必有路牌，所以請參考沿路指示相一、二及三（見相5至7）前行，直至見到前方有橋，便右轉並過橋；過橋後往左走並進入小鄉郊路，前行約三十米，見分岔，往左行；再行二十米見分岔路，轉右，便到達七星崗村。（見相1至12）

**七星崗村是細小村落，如果駕車來到，必須在村外找空地泊車，請勿入村泊車為宜。注意村內亦頗多兇猛狗隻自由行走，作為村民之保安。**

行入村內便見數幢古建築，左邊一個是鄧氏宗祠，從鄧氏宗祠後面轉右上高坡，前行入到林地，見有巨型拜祭石檯，由石檯轉左行入草地後，便已到達「七星金龍」穴所在。（見相13至17）

相1：石崗停車場，位於錦田公路以東。

相 2：相片右就是七星崗路口

相 3：七星崗路口(另一角度拍攝)

相 4：甫進入數十米，需右轉過橋。

相 5：沿路指示相一

相 6：沿路指示相二

相 7：沿路指示相三

相 8：沿路指示相片四，前方右轉並過橋。

相 9：過橋後往左，路牌指示有福路 (見紅圈)。

相 10：進入小鄉郊路

相 11：約三十米後，見分岔往左入村。

相 12：前行見分岔路行右邊，便到七星崗村。

相 13：數幢古建築，左邊是鄧氏宗祠 (見紅圈) 。

相 14：宗祠屋後轉右上高坡，跟紅色箭嘴走。

相 15：林地內巨型拜祭石檯，轉左。

相 16：行入草地，便是前往龍穴 (見紅圈) 所在。

相 17：到達「七星金龍」穴

## 來龍落脈

七星崗村，地處錦田雞公嶺向南面的山麓之下。在雞公嶺以東的主峰，向南出脈沿途拋出金星，並以眾多金星輾轉化氣，這條金星跌頓的龍脈，從山上連同主峰計算，一共經過七個金星方到達山腳。相信七星崗這個地名，亦是因為這條七星金龍而得來。

至於「七星金龍」穴，就在第七個金星之下被點中出來。

欲要看到雞公嶺這條七星金龍出脈全貌，最理想位置就在村口分岔路附近（**見相18、19**），再走近的話就會被前方樹林遮擋很多，以致第六個金星要很用眼力才可以辨認出來，而第七個金星現在已隱沒在樹林後面。

跑到山上觀看，更能清楚觀看這條七星金龍的龍脈。

為了令到讀者能夠看得一清二楚，筆者穿過穴後密密麻麻樹林、充滿荊棘和鋒利可割皮膚的茅草，在山上把七個金星全拍下來，與讀者分享。（見相20至23）

相 18：村口分岔路附近拍攝。第六個金星需很用眼力才能看出來，第七個金星隱沒在樹林後面。

相 19：昔年照片參考，約於一九九九年拍攝。

相 20：在第六個金星上，回望山上五個金星。

相 21：第五個金星上拍攝，前面為第六個金星。

相 22：第六個金星頂上拍攝，石柱下為第七個金星 (見紅線) 。

相 23：最後第七個金星

**• 現場實拍 •**

7.1 七星金龍——來龍落脈

# 龍穴略述

## 墓主、龍穴及坐向

這個「七星金龍」穴的墓主乃錦田鄧氏星欽公及夫人鄭氏合葬墓（見相24、25），正式年份不詳，根據墓碑所述：「由明至清幾百年矣」。墓碑上寫墓主是「洪儀祖」之長子，輩份則稱「十世祖」。（見注1、相27及圖1）

注1：在錦田繞道入水頭村、水尾村，去到安葬洪儀公的名穴「荷葉跛龜」，墓地之石碑清楚寫明「十五世祖考洪儀鄧公之墓」。（見相26，亦可參考拙作《風水正知正見》）。

相 24：「七星金龍」穴全景

相 25：近拍龍穴

（一）父親洪儀公之墓稱十五世祖（見相26），而兒子的墓稱十世祖。

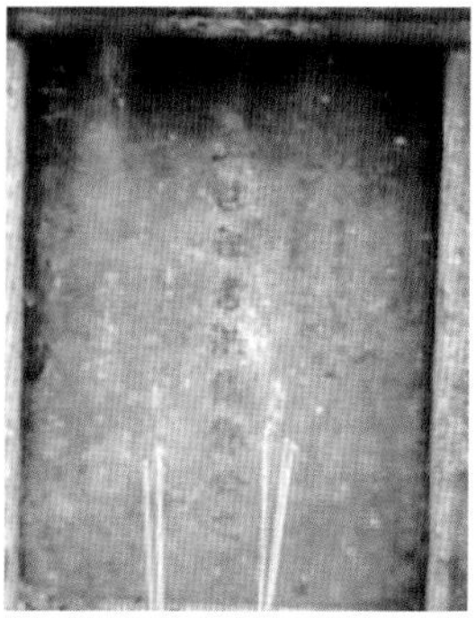

相 26：錦田「荷葉跛龜」洪儀公之墓碑，上書「十五世祖」。

相 27：墓碑

公諱欽字星欽迺　洪儀祖之長子也原配鄭氏生三子長曰
廣舍次曰廣海出嗣錩公三曰廣瑜　公性賦孝悌X重天倫
自與祖妣鄭氏合塟于土名七星崗由明至清幾百年矣凡修
墓必恪遵舊式不許妄改分毫故修必藉　福此地內碑立壬
山丙向正針外向壬山丙向兼亥巳　吉重修銘垂不朽長發

十世祖 考處士星欽鄧公 妣淑德孺人鄭氏 仝墓

奉祀裔孫（解）員閏光
（解）員乾貴
（解）員兆鵬　國學朝仁
武生廷俊　國學XX　兩大房眾子等立石
武生紹雄　國學X雄
生員X林

光緒丁酉年八月酉建二十四辛巳重修

圖1：碑文原文（注2、注3、注4）。

注2：碑文字跡模糊難辨之處以X示意。

注3：洪儀祖所葬之墓地，亦在錦田公路以西，水頭村及水尾村山邊，即名穴「荷葉跛龜」。

注4：約二十年前筆者來到此龍穴實地觀摩，曾親手抄錄碑文，頭三位之子孫官銜為「解員」，現在石碑似乎刻上「職員」字跡，所以用括號寫下解字。又昔年碑文是「國學生」而非今日所見之「國學」。相信現在墓碑已非二十年前那一塊。

（二）正式而言，墓主星欽公該是十六世祖而非十世祖。為何有如此出入？原來其「十世祖」之説法乃起源於鄧族傳至第七世，「元」字輩五大房，部分鄧氏子孫遷居入東莞深圳，設祠堂於東莞城南門，以漢黻祖為大宗，奉七世為一世祖起分支這件事情有關。此説法應該指遷居往東莞深圳之分支，而非世居香港之鄧氏。此事有記載於三世祖日旭公半月照潭之世系源流碑記（見相28）。

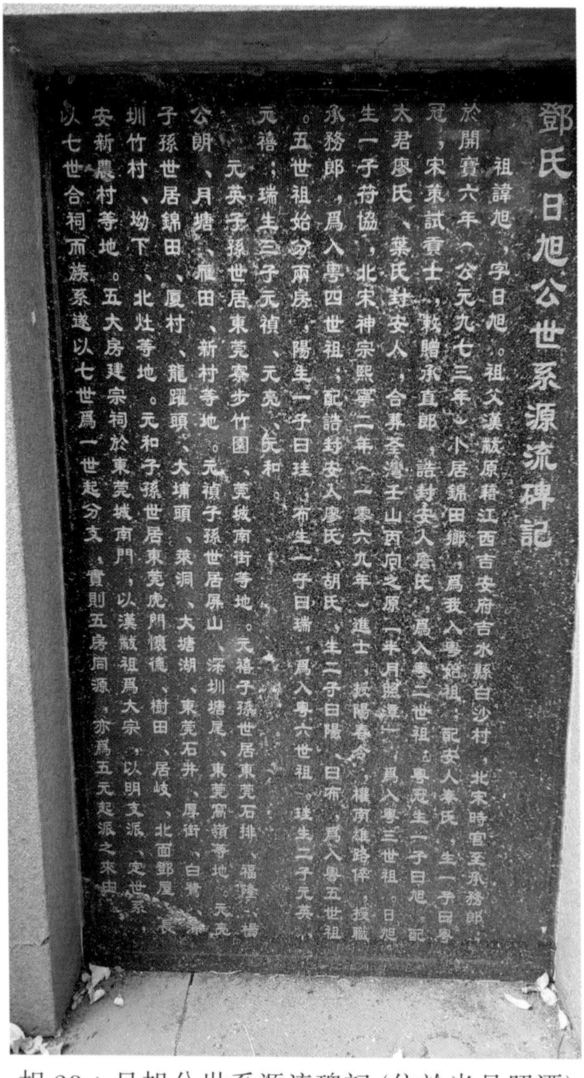

相 28：日旭公世系源流碑記 (位於半月照潭)

不過這樣的計算輩份，於香港鄧氏族譜紀錄稱之為「今派」，正式登記輩份，仍然以奉漢黻祖為第一世始祖。

從墓碑上看到一個資訊，其子孫後代先後出了三位「解員」、兩位「武生」、三位「國學生」及一名生員。

前文介紹「大埔運頭塘——仙人大座」（見126頁），還記得它的父母星辰由大小貴人組成，現在這個龍穴由七個金星疊連落脈，即是等於七位貴人作為自家之靠山，亦是具有重重貴氣的意思。

龍脈乃是一個龍穴福力的厚薄關鍵，更加直接影響到子孫後人之才幹高低，由第三個金星以至第七個金星，每個金星外形端正面平，晶光煥彩圓淨可愛，益發使到龍脈形態優雅；山管人丁，使到子孫後代文才爾雅，所以這個龍穴特別能夠蔭發文昌功名，官貴之人甚多。

## 明堂龍局

從路口入村路上，眼前七星崗面前一片空曠，欠缺近身的龍虎砂兜抱龍穴，穴前更無案砂，驟眼看是明堂空虛曠盪，龍局又不緊湊。尋龍點穴永遠就是那麼多障人心眼的地方，真的一點都不容易。

去到穴之上，雖然藏風聚氣窩藏幽靜，可惜周遭遍佈樹林，穴前草地以外原本還有大片平鋪，惜現已被林木所佔，明堂景觀完全障蔽，更遑論撥砂入局。而且左右兩邊樹木的樹冠，有些枝椏已經可以覆蓋到穴上。對於龍穴的福力，總有一定障礙。（見相29至32）

欲求看到昔年龍局原貌，走到山上就能飽覽全貌。首先看去本穴靠山之主峰，雞公嶺中間出脈，並向左右兩邊伸展長長山嶺作大帳（見相33），每邊山嶺均有數里之長，橫帳愈長福亦愈厚。

龍穴面前，近處原本是一片遼闊稻田，現在已經處處村屋。環視四周只見一重又一重的大山，很有秩序地逐一相連，緊密地在遠方圍繞龍穴，形成一個的很大龍局，亦即是風水學理所稱之「羅城」。

原來此龍穴表面是欠缺龍虎砂兜抱，外面曠盪無收；實際龍局的氣勢很雄偉，從左邊90度位置，先見大刀屻、橫台山（見相34）、左上方觀音山及大帽山（見相35）、前方遠處順時針是轆牛山、蓮花山橫列於中央、河背水塘山（見相36）；馬鞍

• 現場實拍 •

7.2 七星金龍——穴上環迴拍攝

崗、掌牛山，較遠有大欖之九徑山、屯門青山相傍在後面（見相37）、蠔殼山、靈渡山等較矮山嶺在右上方（見相38）；然後龍穴「荷葉跋龜」、及橫洲丫髻山等更矮小之山丘，在右邊90度方位之上（見相39、40）。

如此龐大的龍局，配合其七星貴龍出脈，足證此穴的確非比尋常，難怪昔年纍纍蔭發子孫功名富貴，光宗耀祖鄉里稱頌。

相 29：穴上明堂前面景觀

相 30：穴上明堂左邊景觀

相 31：穴上明堂右邊景觀

相 32：穴上明堂全景

相 33：全景拍攝——雞公嶺主峰出脈，並向左右伸展大帳(紅色箭嘴所示)。

相 34：龍穴左 90 度——大刀屻山、橫台山。

相 35：龍穴左上方——橫台山、觀音山及大帽山。

相 36：龍穴前方正中央——轆牛山、蓮花山及河背水塘山。

相 37：龍穴右上方——馬鞍崗、掌牛山。山後可見大欖之九徑山及屯門青山。

相 38：龍穴右側——屯門青山、蠔殼山及屯門靈渡山。

相 39：龍脈右側 90 度——屯門靈渡山、名穴「荷葉跋龜」位置（墓主父親洪儀公之墓穴）、橫洲丫髻山。

相 40：明堂由左至右，全景拍攝。

• 現場實拍 •

7.3 七星金龍——
高處拍攝：
遠山環抱之龍局

# 第8章 海螺吐肉

大埔汀角路近船灣淡水湖，附近有一個名穴「海螺吐肉」。這龍穴於清朝同治十一年（公元一八七二年）被點中出來，距今二〇一九年足有一百四十七年歷史。

## 前往交通

**• 東鐵線：**

在大埔墟站下車，轉乘九巴75K或綠色小巴20C，於蘆慈田站或龍尾村站下車。

「海螺吐肉」的正確地點，位於江庫花園一期旁邊，在馬路之上也可以看見得到。（見相1、2）

相1：馬路上可以看到龍穴所在（見紅圈）。照片左邊是江庫花園一期。

相2：從「海螺吐肉」望外面馬路

# 來龍落脈

本山來龍遠自深圳梧桐山，入到香港地界，即頓起紅花嶺，行龍東南在「鹽灶下」過峽，南上龜頭嶺，再向「東山下」進發，龍勢往東行，先到五百米高之黃嶺，然後再到達八仙嶺，即「海螺吐肉」的父母星辰。

八仙嶺，由八個主要山峰組成，從汀角路山下望，由右至左分別是**（見相3）**：

仙姑峰（海拔五百一十一米）、湘子峰（海拔五百一十三米）、采和峰（海拔四百八十九米）、曹舅峰（海拔五百零八米）、拐李峰（海拔五百二十二米）、果老峰（海拔五百四十三米）、鍾離峰（海拔五百二十九米）及純陽峰（海拔五百九十米）。

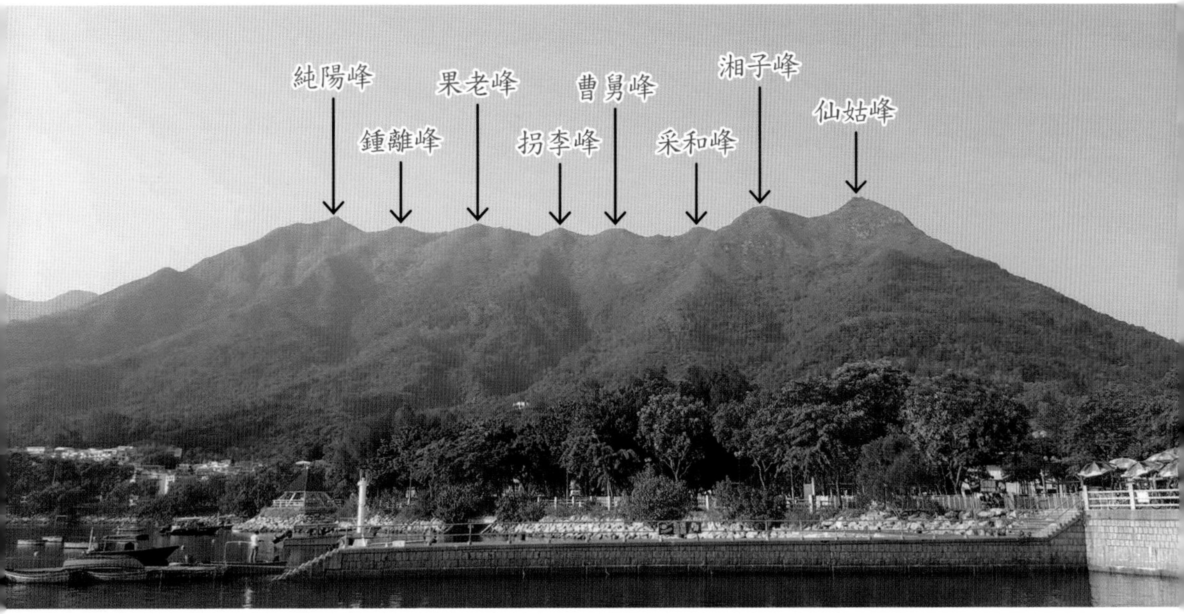


相 3：八仙嶺相片

大家可以先行參考手繪來龍落脈圖（**見圖1及相4**），八仙嶺是山上八峰並連，水星行龍自西往東。山上五條大龍脈向南落下，中間的一支即由拐李峰頂上拖脈，沿途蜿蜒落而下，落到平地忽作**大跌斷**（注1）過峽，形成一個深谷，現在此深谷已經長滿高樹，即使跑到旁邊山脈之上亦已經看不通透，必須倚靠腳步去驗證。

龍脈穿過深谷，往前頓起約三十米高的大金星（**見相5、6**）。一般龍穴多數在金星之上結穴，但是此龍脈其勢未止，從金星落山拖出一支暗脈，又稱「**草蛇灰線**」（注2），穿越五六十米外平地，來到一個微茫金星處（又名「玉枕」），方才於此處結出龍穴。

二〇一七年時來到此處，因為已經被人以白色水泥覆蓋了微茫金星（**見相7**），現今龍穴之上，甚難看到原貌，只能靠昔年照片才能辨別出來（**見相8**）。

**注1**：「大跌斷」是龍脈過峽其一種形式──當龍脈由一山去下一山，龍脈落下去到貼近平地，所經過之深谷，風水學理上，稱為「大跌斷」。

**注2**：「暗脈」/「草蛇灰線」通常指緊貼於平地上行龍的形態，比喻其走勢若隱若現，如草中之蛇或灰色線那麼難以辨認，故稱為「暗脈」或「草蛇灰線」。

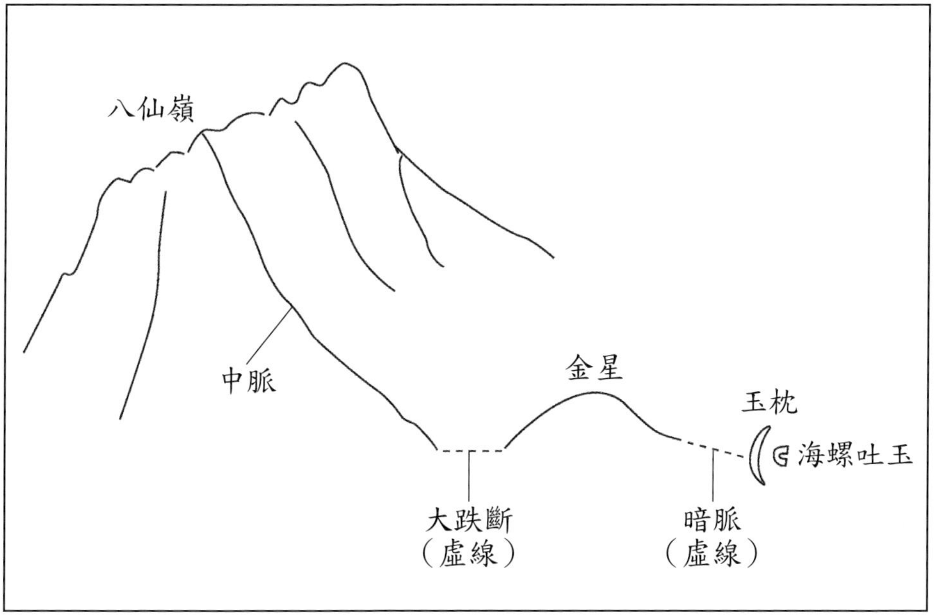


圖 1：「海螺吐肉」之手繪來龍落脈山圖

相 4：全景拍攝來龍落脈

相 5：從旁邊拍攝金星 (紅色線所示)

相 6：昔年拍攝之金星

相 7：二〇一七年拍攝「海螺吐肉」，穴後大部分地方已澆上混凝土，其原本之茫金星甚難看到。

相 8：昔年拍攝「海螺吐肉」，紅色虛線乃穴上微茫金星（玉枕），背後為大金星。

## 喝象「海螺吐肉」

此穴以八仙嶺為少祖山，八仙嶺之山形，如海產貝殼類中的海蚌，打開了其中一瓣的殼般，豎立在山上，故乃海蚌；但穴上稱名海螺，或因發音之便利，故從海螺（其實海螺外形如雪糕桶之長三角形，與巒頭並不匹配。）

山下之大金星，就是蚌內的肉團，此為「海螺吐肉」之名稱來源。

## 龍穴略述

### 墓主及龍穴坐向

此龍穴乃陳氏爵賢公之墓地（**見相9**），極有可能是與村內之原居民有密切淵源，但此事有待查證。龍尾村附近有一陳氏宗祠，由大埔龍尾路直入便見（**見相10**）。

相 9：龍穴照片

相 10：位於大埔龍尾路之陳氏宗祠 (見紅圈)

據知情人士透露，此墓子孫眾多，基本上分作三大堂，遍佈香港、廣東省，及世界各地，房房俱甚興旺；每年春秋兩季均子孫雲集來到龍穴拜祭，從無缺失。（見相11及圖2）

墓主乃陳氏爵賢公，生於清朝嘉慶元年，生前獲「例授國學生」之功名，此墓葬於同治十一年（公元一八七二年）。子孫當中也有兩名監生及一名貢生。

現在墓碑坐癸向丁兼子午，坐山10度，向上190度。（見相12）

相 11：墓碑

相 12：坐癸向丁兼子午，坐山 10 度，向上 190 度。

公迺
捷祿祖之次子也原配孺人張氏所生四子　距生於嘉慶元年
丙辰歲四月二十六日巳時終於同治拾年七月初四日卯時
享壽七十有六茲卜塟于土名八仙嶺龍尾形如海螺吐肉內
碑坐坤向乾卦外墓向姤卦吉爻之原立石以誌永垂不朽爾

秘授江西點穴定針

**清顯考例授國學生諱爵賢字榮傑號廷恩陳公府君墓**

監生庶楨
祀男 監生庶勳 等仝立（下省二十一人名字）
貢生庶望

同治拾壹年壬申歲季冬上澣穀旦立

圖 2：碑文原文

## 明堂及龍局

在數十年前，龍穴附近一帶都是種植稻米的田野。自百年前到現在，穴上附近的田地都是由墓主後人持有，打從一九六〇年以後，漸漸再沒有人租地耕種。現在所見，穴上附近之土地已經過平整，視野開闊很多了。

又墓地包金之外，建有三個水櫃（**見相13**），橫列成乾卦爻象，從前是沒有的。坊間傳聞福主後人曾經多病及遇上小障礙，於是大約在二〇〇二年以後，建造三個水櫃作化解煞氣之用。

龍穴左邊遠處，見到大美督的一個扁平土星（**見相14**），從側面映照「海螺吐肉」。這個扁平土星有着兩個作用：一者作撥砂入穴錦上添花，二者用作遮擋整個吐露港大水局，東北方向的出水口——赤門海峽。所以現在龍穴之上，是看不見水口的。

從遠處平鋪之上，回頭看龍穴的父母星辰及背後靠山，只見八仙嶺高大雄偉八峰連珠，此八個山峰砂砂可撥，有如八星報喜福祿綿綿。（**見相15**）

相 13：穴前之三個水櫃，橫列成乾卦爻象，乃福主後人用作化解煞氣之用。

相 14：大美督的扁平土星，它最大作用乃遮擋整個赤門海峽的出水口。

相 15：靠山方向之景觀，八個山峰砂砂可撥，有如八星報喜福祿綿綿。

龍穴面前盡收船灣海之水局，遠山重重羅列，把遠近之水面密密包圍，實在風光無限（**見相16至19**）。

由左至右（**見相20**），馬鞍山及牛押山兩大山頭緊連，接下來是西貢之鹿巢山、水牛山。明堂正中望出，更可見到九龍之飛鵝山，右側遠處為大埔之鹿山及草山。

至於船灣海上，有三大水中禽星，分別是左邊馬屎洲、中間小島為洋洲、右邊則是鹽田仔。介乎馬屎洲及洋洲之間，外面亦有一更細小島嶼丫洲。丫洲此處亦見沙田海，逆水入朝進入船灣海以相應龍穴。

如此龐大水局，令到墓主後人代代富貴連綿百年而不斷，實在是難能可貴不可多得之佳地也！

相 16：龍穴正面景觀，面前乃船灣海。

相 17：龍穴左側景觀

相 18：龍穴右側景觀

相 19：全景拍攝 —— 龍穴前方景觀。

相 20：山上全景拍攝——龍局全景。

**• 現場實拍 •**

8.1 海螺吐玉——
穴上環迴拍攝

# 第9章 豬肝吊膽

位於元朗大樹下東路瓦窰頭村，靠近掌牛山西陲，土名打鼓石的山上，有個古老龍穴，在墓碑上名為「織女標梳」，但是它的正式喝象名稱，該為「豬肝吊膽」更為貼切。

此風水龍穴墓主姓林，坊間傳聞與元朗山貝村林氏屬同一先祖的。根據資料搜尋所得，林姓原本祖籍福建莆田，後南下廣東新會及深圳赤尾，輾轉分支大圍村，及後第十三世祖林兆元於一八〇〇年或之前，遷移至南生圍山貝村開基立村。此後林氏族人繁衍，部分林氏發展至西邊圍等地。

## 「林」姓起源及掌故

「林」之姓氏來源，據說有四個（注1）：

（一）出於子姓，為帝嚳高辛氏之後，太始祖為商朝宗室比干（公元前一〇九二年至公元前一〇二九年）。干公原是商朝丞相，當時紂王無道，比干犯顏直諫，紂王恨之入骨，於是殺了比干，剖開其心，又派兵包圍比干府，欲族滅之。比干的兩個夫人都懷孕在身，黃氏被捕立即處死，並剖腹取出胎中嬰兒，將屍體以火焚燒。正妃盌媯氏，為了保住比干一脈，放棄殉葬，忍辱負重，被同情的士兵放走，與四個婢女逃出朝歌，在牧野郊外隱居長林石室（今河南淇縣西南）中，生下遺腹子——「堅」，後來紂王被周武王殺掉，商朝遂滅亡。

後比干夫人得到武王的禮遇，武王認為孩子生於樹林之中，特賜姓為林，名為林堅（因其父堅貞不屈而死，而他又生於山林之中），成為林姓始祖，其子孫因以為氏，稱林氏。是為河南林氏。所以林姓便由此繁衍，而且發展成為林姓的最大支脈。

之後，比干公在民間更被尊為文財神，民間相信比干公無心因而無偏心，為世間公平分配財富，是民間財神之一。現在去到山背村林氏家祠之仁興堂內，神龕側牆懸有「始祖殷太師比干公遺像」（見相1）以作慎終追遠。

相 1：殷太師比干公遺像

（二）出自姬姓。《通志．氏族略》記載，東周時，周平王有庶子名開，字林，其子孫以祖父字為氏，亦稱林氏。是為河南林氏。

（三）為鮮卑族改姓。據《魏書．官氏志》記載，南北朝時，北魏孝文帝把國都從平城（今山西大同）南遷到洛陽後，實行漢化運動，將原鮮卑複姓丘林氏一部分改漢姓林氏。是為河南「洛陽林氏」。

（四）滿族改姓。清朝宣統皇帝退位後，有滿洲貴族紛紛改漢字單姓，滿姓的林佳氏改為漢姓的林氏。

現在山貝村林氏家祠門外有一對聯「**仁親九牧，興讓一家**」（**見相2**）。這副對聯當中有一個故事，由林氏子孫世代流傳下來：

一說是戰國時期趙國宰相林皋，生有九個兒子，時稱「九龍之父」，加上父親本身便是「十德之門」，最後惹來趙王嫉才加害，最後林皋帶同族人遷徙至西河避難。而福建九牧林家的後人亦被稱為「九牧林」。

相 2：元朗山貝村林氏家祠

亦有源自「九牧林家」故事，於唐代莆田的林披，他的九個兒子都當上刺史，世稱「九牧流芳」。

注1：「『林』姓起源及掌故」資料來自「跑遊元朗」專欄作者Tere Wong先生，特此鳴謝！

## 前往交通

前往瓦窰頭村，建議有兩個方法：

- **公共巴士：**
西鐵線朗屏站（元朗市媽橫路），附近有綠色專線小巴73號（朗屏站至崇山新村），去到大樹下西路，見到天后廟，旁邊便是「瓦窰頭村」，在村口下車，然後步行入村再上山。

- **自行駕車：**
由元朗公路，於見到「元朗南」指示，進入「十八鄉交匯處」（迴旋處），再依

「元朗南」路牌指示，轉入未及二十米，再左轉入「大棠」路口，便是「大旗嶺路」，途中經供行人過路之交通燈位，然後見到路口，旁有路牌「元朗市中心、油渣埔」（見相3），往油渣埔方向轉左，便進入「大樹下西路」（見相4），過迴旋處直去，約二百米後左邊有路過橋（見相5），左轉便入「大樹下東路」，沿路直去（見相6），經過「天后古廟」（見相7），廟旁有「瓦窰頭村」路口（見相8）。

相 3：於大旗嶺路路口，左轉去油渣埔。

相片 4：「大樹下西路」路牌

相 5：前行二百米，轉左過橋再轉右直去。

相 6：「大樹下東路」，沿路直去。

相 7：經過「天后古廟」

相 8：「天后古廟」旁有路口

## 入村之路

左轉入村（見相9），由瓦窰頭村村口，要步行去到村內一個五姓（謝、簡、黃、鄧、張）祠堂「同福堂」，由於沿路沒有甚麼明顯地標作指引，所以請參考相10至17，便可順利到達「同福堂」。（同福堂之空地屬於私人擁有，最好於未進入同福堂空地之前，在外面找不阻礙別人的位置泊車，再上山。）

於同福堂屋後，見到梯級乃入山路徑（見相18）。沿山徑前行直到見分岔路（見相19、20），轉右邊上山（見相21），登山二三十米左右，路旁右邊有一個雙連的屋仔墳（見相22），過此雙連屋仔墳五至十米，往左邊行入草叢，可見到一個頗殘舊之古墳，便到達今次目的地——「豬肝吊膽」穴（見相23）。要是長草茂盛，可能會被長草遮擋視線，則需小心尋覓。

相9：左轉入村

相 10：沿路直去

相 11：依紅色線而行

相片 12：依紅色線而行

相 13：依紅色線而行

相 14：依紅色線而行

相 15：分岔路口轉左

相 16：拐入右方空地進入同福堂(見紅圈)

相 17：同福堂

相 18：同福堂屋後，沿梯級入山。

相 19：沿山徑前往（一）

相 20：沿山徑前往（二）

相 21：去到分岔路，轉右邊上山。

相 22：登山二三十米左右，路上右邊雙連屋仔墳（見紅圈），再前行五至十米，行入左邊草叢便到達（紅色箭嘴示）。

相 23：「豬肝吊膽」穴

## 來龍落脈

大龍自新界第一高九百五十七米之大帽山，往西發脈過荃錦坳，前行頓起高五百米蓮花山，龍脈續往西走，於田夫仔及河背水塘之間聳起高四百米山峰，大龍改走西北，於娘媽坳過峽，龍身向北起馬鞍崗，再轉走西北攀升至掌牛山，從掌牛山往西拖曳一脈，卸出約七八十米高之打鼓石，作為「豬肝吊膽」穴之父母星辰。**（見地圖1）**

打鼓石山上，龍身向左右兩側開出大帳**（見圖1）**。於主峰之上略向左邊，連續拋出三個細小、又隱約可見的金星，在數字④的金星之下約五十米之處，又再頓起一個很細小的金星，龍穴就緊緊靠在此小金星而結出來。**（見相24、25）**

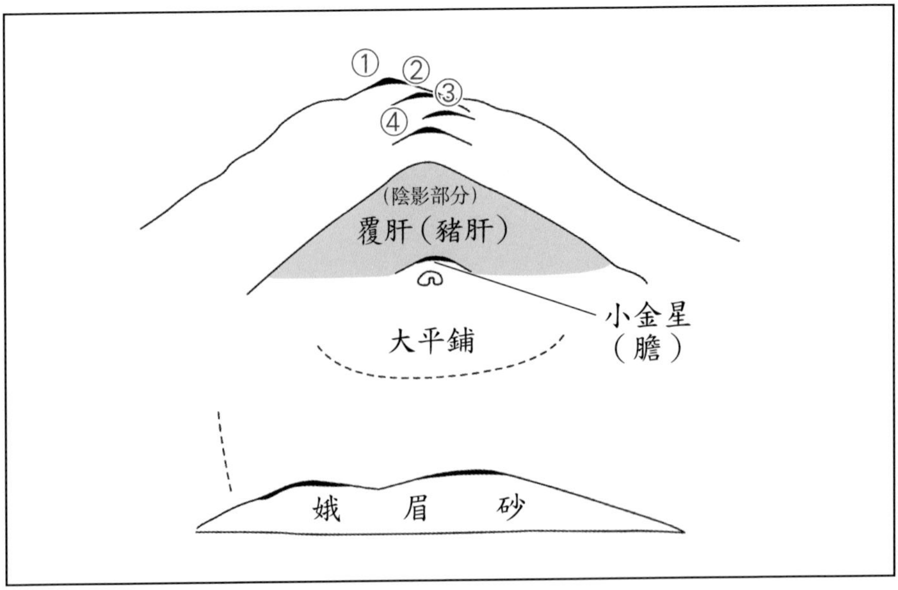


圖 1：瓦窰頭村「豬肝吊膽」手繪山上出脈圖

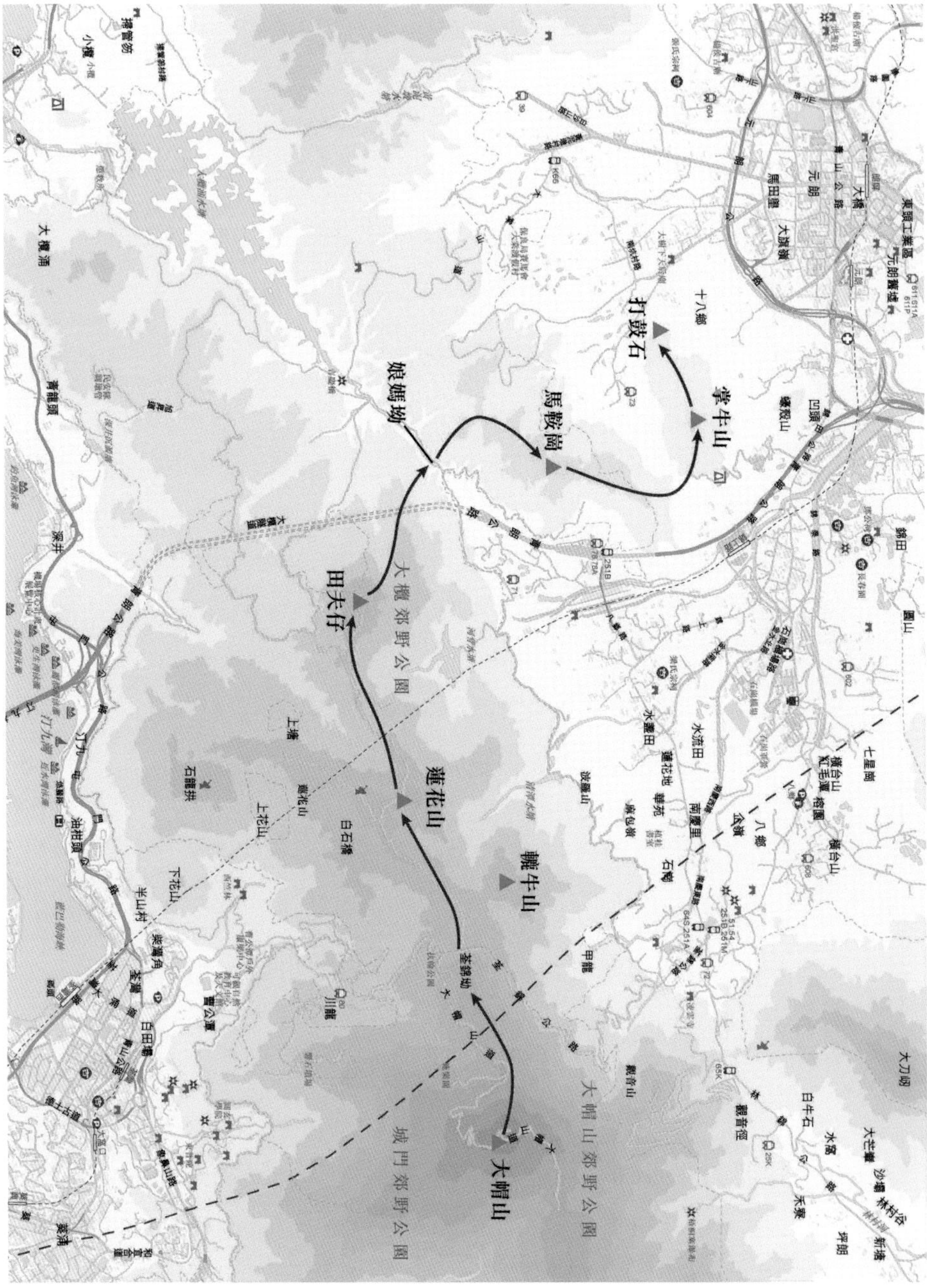


地圖 1：龍脈行走圖

相 24：山上出脈

相 25：山上出脈全景拍攝

**• 現場實拍 •**

9.1 豬肝吊膽（玉女織梳）——
拍攝山上落脈

## 喝象「豬肝吊膽」

原本在穴上石碑上之刻文大部分已模糊，但仍可以勉強辨認出「織女標梳」四個字，或者是「織女拋梳」；可能昔日地師看見前面明堂，有一娥眉砂橫伏，便以「梳形」作為喝象主題（見圖2及相26）。至於「織女」則是純粹湊合，筆者認為本龍穴之靠山，形態着實不似人形，喝作「織女」太過牽強。

筆者昔年從師遊，授業師指示，此地乃正宗之「豬肝吊膽」龍穴，因為山上落脈，經過三個小金星化氣之

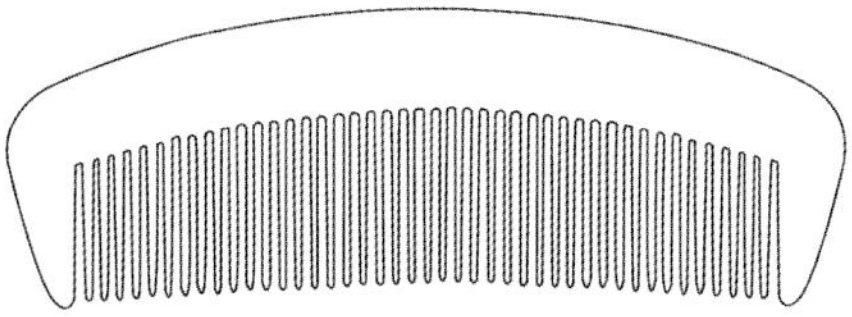

圖 2

相 26

後，龍脈向左右兩邊打開，中間泥土拱起，兩邊泥土則較薄，其形態如一件肝塊，覆蓋在山坡之上，因此巒頭形勢，稱為「豬肝」。(見相27)

一般肝臟，附近必定有一個膽臟與其緊密相連。所以去到這塊肥厚形如肝臟的泥土末端，龍脈在此頓起一小金星，作為結穴起頂之用，龍穴則挨靠金星而結。這一個小金星，就是這膽臟。因此這個龍穴，正式喝象該名為「豬肝吊膽」。

**• 現場實拍 •**

9.2 豬肝吊膽（玉女織梳）——穴後靠山

相 27：近處拍攝，可以看到紅線範圍，與龍穴之間大片山坡，中間拱起兩邊低薄，形如豬肝覆蓋於山坡之上。

## 龍穴略述

### 龍穴及墓主

去到龍穴之上，見到墓地已經十分殘破（注2），這個墓地上一次重修，該是一九六二壬寅年，距今（二〇一九年）相隔五十七年，墓碑字跡開始脱落，尚幸仍可辨認一部分資料出來。（見相28及圖3）

墓主是林氏公妣合葬，名字則難以辨認，只知道是第十八世祖。墓碑亦見露出縫隙，即是原本坐向線度經已偏離，這樣在風水上是很有問題的。而且石碑旁邊牆壁頗多爆裂（注3），這個殘舊破爛的樣子，於風水而言，對亡者及子孫後人俱無利益，應當及早修墳為要。（見相29）

注2：墓地與陽宅風水，皆不可以見到建築破爛，例如牆壁出現裂縫、天花剝脱，皆是戶中之人有阻滯之徵兆也！

注3：子孫後人見到先祖墓地出現嚴重破爛、石碑爆裂情況，除了馬上維修，若能為亡者及自家祖先，進行佛門功德法事，可為亡者及祖先消除業障，亦令到墓地風水，與功德更加互相呼應，後人得到風水幫助人生事業發揮，這樣則冥陽兩利。

相 28：龍穴照片

相 29：墓碑字跡不清，已露出縫隙，碑旁牆壁亦見爆裂。

本山坐丙向壬兼巳亥之原，

山形織女標梳之象，

地師曾飛鴻點穴定針

顯十八世祖考

考

妣

林公之墓

奉祀

民國五十一年九月吉旦

圖 3：碑文原文（因為碑文剝離十分嚴重，只可儘量記錄）。

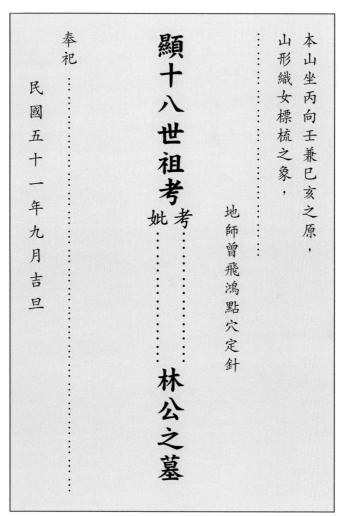

## 坐向線度

因為石碑與牆壁出現鬆脫之情況，故此以羅盤量度墓碑坐向的話，得出之方向未必完全正確。所以要參考墓門及墓碑的有關方向，量度得出之數據比較準確。

經過量度，其線度是丙山壬向兼巳亥，坐山160度，向上340，這個數據與天然方向幾乎完全吻合，可見昔日點穴定針之風水地師，並非泛泛之輩也。（見相30至32）

相 30：參考墓門及墓碑，就可量度出接近原來的坐向數據。

相 31：量度墓地坐向

相 32：線度是坐丙向壬兼巳亥，坐山 160 度，
向上 340。

## 明堂及龍局

「豬肝吊膽」穴的明堂，正前方見到扁平娥眉砂（見相33），此砂由父母星辰拖脈而下，下落到水田過峽，頓起再向橫伸展，成白虎砂橫龍穴過堂前。娥眉砂砂形肥厚圓潤橫臥堂前，這是一片利財的砂頭（見相34）；龍穴近身處又有大片平鋪，兩者互相輝映，再遠就是元朗市。

左邊90度位置起，見一列九徑山之山嶺，順序靈渡山，龍穴之十點鐘方向，一九八六年未建朗屏邨以前，穴上可以望見橫洲丫髻山，亦可撥砂入局，可惜現已遮擋。（見相35）

右邊90度位置起，有兩支山脈由父母星辰旁邊下拖而來，它形成了一個筆架砂，大利子孫讀書文昌。右兩點鐘位置，可見到蠔殼山山峰入局。（見地圖2及相36至39）

**• 現場實拍 •**

9.3 豬肝吊膽（玉女織梳）——穴前大平鋪

相 33：側面拍攝，龍脈從山上跌頓而下，落到水田過峽，再頓起娥眉砂。

相 34：明堂前方景觀，前方娥眉砂肥厚圓潤，是利財的砂頭。

相 35：左邊景觀——九徑山山嶺、靈渡山，橫洲丫髻山現已被遮擋。

相 36：右邊有兩支山脈成筆架砂，兩點鐘位置，可見到蠔殼山山峰入局。

相 37：龍穴右側 90 度所見筆架砂（見紅圈）

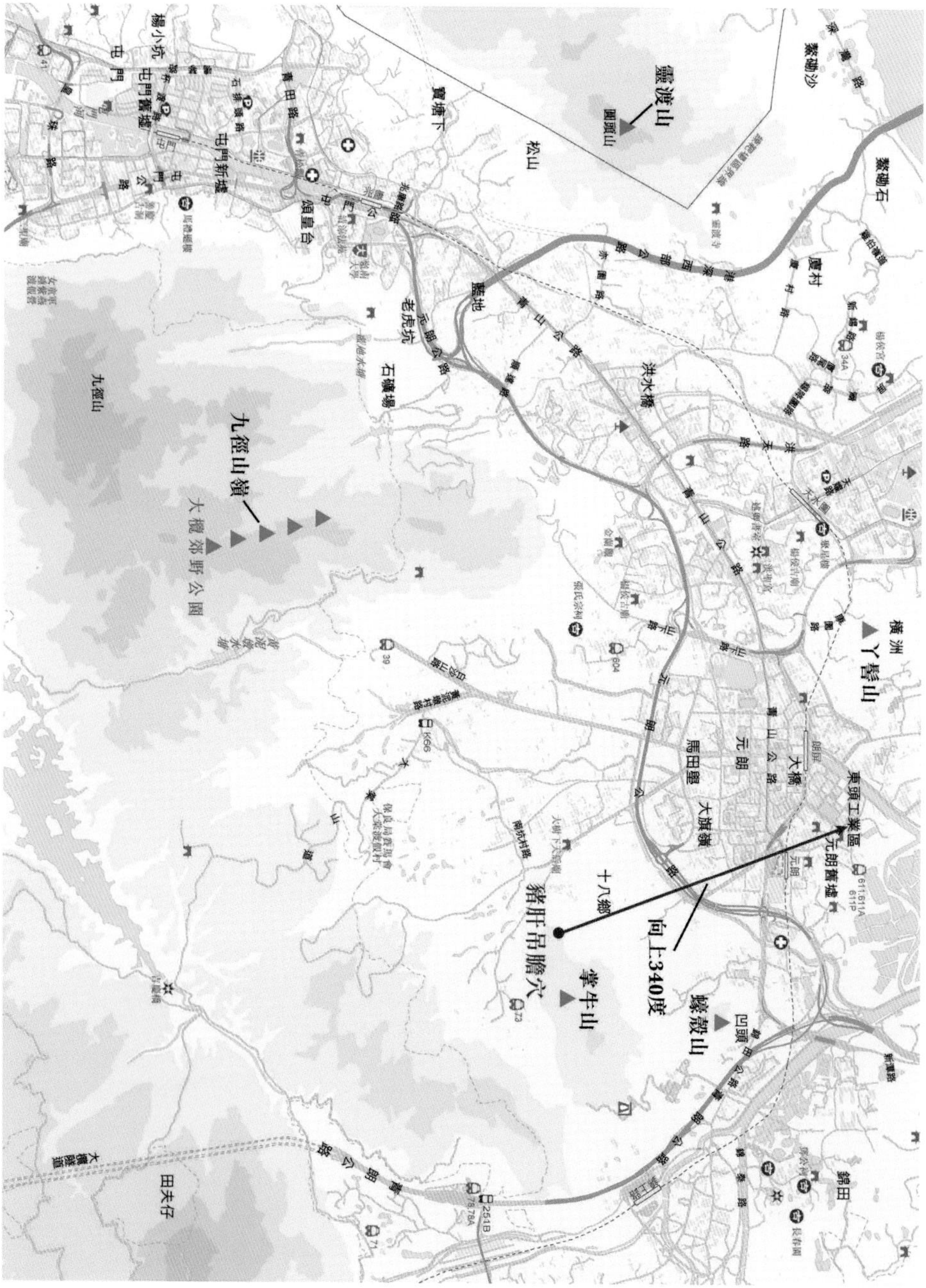


地圖 2：用地圖顯示，龍穴坐向及遠處撥砂形勢。

相 38：180 度明堂及龍局全景拍攝

相 39：龍穴左側 90 度，見九徑山嶺。

• 現場實拍 •

9.4 豬肝吊膽(玉女織梳)——
穴前明堂

「豬肝吊膽」穴，無論從點穴位置、坐向線度、龍局撥砂，每一點都是無懈可擊，唯有墓地殘破頗令人慘不忍睹。希望福主後人早作修繕，以免令大好風水龍穴，出現冷退現象，則殊為可惜。

原來元朗山貝村林氏，子孫後人科舉考試，亦曾有光輝歷史，在林氏家祠之內，掛上兩幅功名牌匾，分別是（見相40、41）：

欽點翰林院，光緒十八年壬辰科進士　臣林國賡恭承

欽點兵部主政，光緒二年丙子恩科殿試二甲第九十八名　臣林其翔恭承

相 40：欽點翰林院

相 41：欽點兵部主政

此外有張頎特別相片攝於一九三七丁丑年，乃仁興堂（祠堂）合族耆老歡迎第一位大學學士林達榮，相中耆老身穿清朝官服，戴起官帽，人數多達十一位，由此亦可間接印證龍穴「豬肝吊膽」，特利文昌功名，可以蔭發後人功名衣祿。（見相42）

**補充資料：**

瓦窰頭村打鼓石龍脈靈氣充沛，藏風聚氣砂水有情。

根據網上資料顯示，香港立法會議員謝偉俊亦是瓦窰頭村原居民，由二〇〇八年起當選，繼後的二〇一二年及二〇一六年均能連任，而此君早於八十年代已聲名鵲起。由此可證明，陰宅風水蔭發後人果然無差！

相 42：仁興堂合族耆老歡迎達榮學士攝影紀念

# 第10章 風吹羅帶

說起「風吹羅帶」穴，記得前輩關鳳翔的手稿中提及過一個故事，與余仁生家族有關。

本來余家祖籍江西省興國縣人士，余廣培的父親余鶴松（一八二二年至一八八六年）為家中獨子，因家貧十三歲便已輟學，後來學風水並以此技藝謀生，年紀漸長亦略有名氣。從前風水行上凡來自江西省的風水地師，素來聞名於世，廣東省的達官貴人，甚為樂意聘請江西地師，遠道南下尋找風水龍穴。

有次余鶴松應邀南下廣東，於佛山與南海之間的潯峰一帶尋龍點穴，並且覓得真龍寶穴，可惜該位富商福主，並未完全信任余鶴松，自行聘請廣東風水師，對該龍穴另作審核，當時一眾廣東地師認為該穴之龍虎砂手，向外飛揚並無兜收穴前，紛紛給予負評。富商聽罷廣東地師的意見，結果並無採納余鶴松，更將那風水穴讓了給余。

清朝咸豐十一年辛酉歲（一八六一年），余鶴松回江西後，將祖父余有鳳與其祖母賴氏的骸骨，遷到南海縣沙貝鄉泌涌，葬於潯峰這個吉穴，並舉家遷居佛山。此穴葬後，余鶴松的兒子余廣培先在大馬發達，後來其子余東旋更於南洋富甲一方。

這個龍穴是以「風吹羅帶」作喝名，為甚麼眾多廣東地師，都一致評錯此地，令到富商平白丟失大好龍穴？一般俗眼風水地師，習慣以龍虎砂交抱，或單臂砂手過堂，作為藏風聚氣之標準，殊不知有很多真龍大局之地，龍虎砂俱缺、或者龍虎砂互不交抱，亦能大發特發。這些就是學習風水，能否做到審龍如看手臂，察脈如尋找手臂內深藏血管，那麼精準的眼力了。粗枝大葉去看很容易；要做到精細眼力，若無正統之師承絕對是不可能的！

香港新界元朗牛潭尾，有一真穴「風吹羅帶」，可供各位前往觀摩印證。

## 前往交通

「風吹羅帶」位於元朗牛潭尾紅花嶺山下，請參考本書第二章「雙金搷水——元朗趙氏名穴」的交通方法（見52頁）。

在進入到泥路小徑分岔處，面前的墓地，就是「風吹羅帶」。**（見相1、2）**

相1：泥路小徑分岔處，紅色箭嘴所指的墓地，就是「風吹羅帶」。

相 2：到達「風吹羅帶」

## 行龍落脈

這穴之大龍與本書文章「雙金擯水──元朗趙氏名穴」（見44頁）是來自相同之龍脈，「雙金擯水」先行結穴於紅花嶺主峰右側山下。

從手繪山圖可以看到**（見圖1及相3）**，龍脈於紅花嶺主峰①，首先向西續走數十米，經過圖中金星②，龍脈橫向右側拖出一脈向北並過峽，去到金星③**（見相4）**，之後頓起金星④，龍脈再拐彎而下，接近平鋪之前，頓起一個土星山丘⑤，形狀呈扁平，左右各有圓頭，如元寶形態**（見相5及注1）**。在土丘中間稍下處，出一微茫金星，下面結出龍穴「風吹羅帶」。**（見相6及注2）**

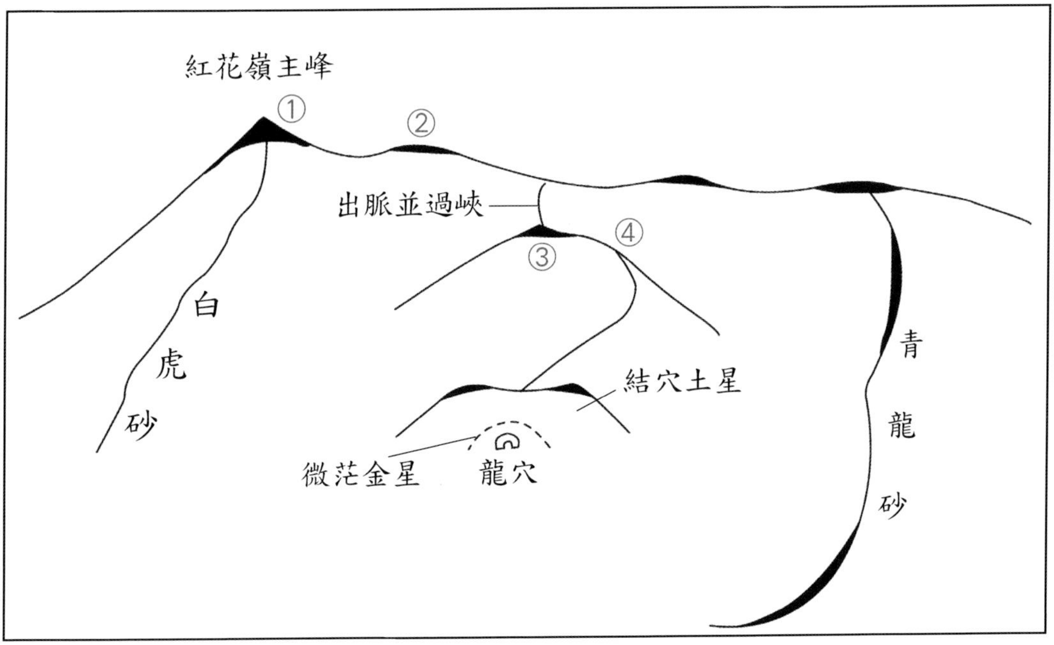


圖 1：元朗牛潭尾「風吹羅帶」手繪山圖

相 3：全景拍攝來龍落脈

注1：穴後倚靠元寶形之土丘，這種亦是「封誥」之形，只要子孫受後人努力求學克己修身，將有貴人、名譽、官貴、權力自動登門的吉象。

注2：一般龍穴，很多都是背後倚靠金星而結穴，今次龍穴卻以土星為倚靠，這是非常罕有的方式。

**• 現場實拍 •**

10.1 風吹羅帶——
步行上山頂看龍脈

相4：全景拍攝 —— 山頂上出脈，紅色線為龍脈忽然向右閃出，稍低過峽，直到金星③。

相 5：近拍主脈落下

相 6：面近拍「風吹羅帶」穴，紅色虛線為穴後元寶形土星，紅線為微茫金星位置。

# 喝象「風吹羅帶」

「羅帶」即是古老時候，用來固定衣服之布帶。

古籍《龍經》討論「風吹羅帶」，有好幾個說法，有云：

（一）風吹羅帶用心謀，穴在同心結上求，虎踞龍蟠包裹穴，身披金甲執戈矛。

（二）風吹羅帶雙臂孤曜拖蕩者是，穴居結上，以綉帳為案。

（三）風吹羅帶形以龍虎飄飛如羅帶，如舞袖，實為曜氣之飛揚，觀之穴結釵鉗。

第三個說法是最清楚的解釋，以穴上龍砂、虎砂，只要其中一支砂手，看似有如布帶在空中飛揚，又或長長衣袖，彎彎曲曲舞動起來的樣子，就是「風吹羅帶」的穴形。（見注3及注4）

今次龍穴以長長青龍砂，連續拋出兩個金星落脈，其走勢同時展現高低起伏，如布帶飛舞靈動活潑，因此穴名：「風吹羅帶」（見相7、8）。反而白虎砂則是簡單一坡直下，守護右側（見相9）。

注3：但凡「風吹羅帶」之穴，儘管龍砂虎砂出現翻飛揚動，但是其龍砂虎砂盡處，其形勢必彎彎迴入明堂以作藏風聚氣。不明所以者，以為左右龍虎砂直出，又或者以為龍砂和虎砂，向外方斜飛，因而誤斷成為風吹羅帶，則是大錯特錯矣。

注4：墓地上見龍砂和虎砂，向外方斜飛，叫做「反手砂」，這些地方絕對不會結出龍穴，而且是帶煞之地，因為「反手砂」一犯情不向我，二犯漏槽直出（即是「元辰長直」，又名「牽車水」），俱不利亡者及後人。

**• 現場實拍 •**

10.2 風吹羅帶——羅帶、青龍砂落脈。

10.3 風吹羅帶——白虎砂落脈

相 7：羅帶景觀一 —— 穴上拍，由左邊 90 度位置，全景拍攝青龍砂形勢（見紅線），最右邊已是明堂中央。

相 8：羅帶景觀二 —— 另一角度全景拍攝青龍砂形勢（見紅線）。

相 9：全景拍攝白虎砂落脈形勢（見紅線）

# 龍穴略述

## 墓主及龍穴

此穴乃鄧氏二十二世祖鄧氏岡保公及夫人侯氏合墓。墓碑上被人以紅漆寫上「元朗」「英龍圍」五字，可能這龍穴與元朗英龍圍的確有淵源！

**（見相10、11及圖2）**

相 10：龍穴「風吹羅帶」

相 11：墓碑照

公諱罔保乃連城公之子也原配侯氏合塋
土名紅花嶺形肖風吹羅帶坐午向子兼
丁癸庚午庚子分金之原永垂不朽長發
其祥云爾

安邑蔡樂軒地師定針

**廿二世祖考罔保鄧公**
**妣侯氏孺人之墓**

奉祀孫 瑞鳳 瑞勳 曾孫 廷柱 XX 等立

民國八年歲次癸巳末孟夏吉旦重修

圖 2：碑文原文(部分文字難以辨認，現以ＸＸ示意)。

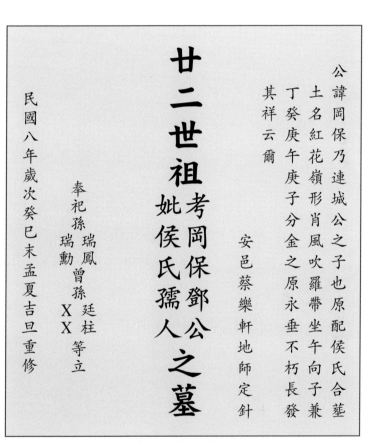

## 坐向線度

現在實地量度墓碑，與碑文所述「坐午向子兼丁癸庚午庚子分金」完全吻合。坐山184度，向上4度。（見相12、13）

相 12：實地量度墓碑

相 13：坐山 184 度，向上 4 度。

## 明堂及龍局

「風吹羅帶」穴前平鋪寬敞四正，幾乎有一個小型足球場之大。平鋪外有一處低地，現在長滿樹木，非細心不能察覺此低地。明堂一至兩點鐘方位，見一大一小相連並列之金星，為天馬砂，亦是倉庫砂。再往外即是明堂十至十一點鐘方位，見到一娥眉砂橫臥，其形又似「如意」。十里以外看到深圳市之一列遠山，重重關鎖外洋，更見龍局氣勢不凡。**（見相14、15）**

左邊見青龍砂起伏有致飛揚而下，於盡頭頓起印砂，並且映照龍穴，此印砂其貴無比，有利後人仕途、經商兩俱宜。**（見相16、17）**

右邊白虎砂從紅花嶺頂處直下落脈，光是紅花嶺尖峰高聳，可得撥砂之利，美不勝收**（見相18）**。右側一至十二點鐘方位，遠處鐵坑、落馬洲、大石磨、麒麟山等山頭，守住外洋，令到龍穴生色不少。**（見相19、20）**

整體而言，牛潭尾「風吹羅帶」一穴，無論龍脈、龍局、撥砂各方面條件，已經冠絕全個紅花嶺南面山頭，其福力更勝趙氏之「雙金揖水」。至於同區其餘之「麒麟獻瑞」、「蛇地」，雖然是副結、砂頭結，不過亦有值得學習之處。

相 14：穴前平鋪寬敞四正。相片右方，一大一小相連金星，為天馬砂亦是倉庫砂。天馬之外中間偏左，一娥眉砂橫臥，其形又似「如意」。更遠為深圳市之一列遠山，重重關鎖外洋。

相 15：近拍如意砂

相 16：明堂左邊 45 度方向，青龍砂飛揚而下，於盡頭頓起印砂。

相 17：穴上所見左邊官印砂

相 18：龍穴右側，見紅花嶺主峰映照入穴，可得撥砂之利。

相 19：右邊 45 度方向，右邊較高處為白虎砂砂尾。相片中間，遠處鐵坑、落馬洲、大石磨、麒麟山等山頭，守住外洋。

相 20：明堂全景拍攝

**• 現場實拍 •**

10.4 風吹羅帶——
穴上拍攝明堂及環迴

# 第11章 蜈蚣穴

中國民間一直認為，有五種動物是含有劇毒，只要稍一不慎被咬中一口，便會隨時一命嗚呼。這五毒之物分別是：蠍子、蛇、蜈蚣、蟾蜍、蜘蛛。

風水龍穴喝象形式千變萬化，大家不要被這五種毒物的名稱嚇倒，看見龍穴喝作毒物之名而害怕。蓋風水龍穴稟承天地靈氣而益蔭有德之人，風水地師純以其山巒形似作呼形喝象。絕不會因為以毒物為名，而禍害福主及其子孫後人。

香港雖是彈丸之地，原來用這五種毒物作為喝象主題比比皆是，例如「蛇地」、「游蛇出洞」、「蜘蛛結網」、「蠍子穴」等等，喝名「蜈蚣」算是相當罕有，今次特地以「蜈蚣」穴介紹給一眾讀者欣賞。

## 前往交通

前往打鼓嶺坪洋村，主要路線由粉嶺區或上水區開始出發，走沙頭角公路，轉坪輋路，再入坪原路，便是進入坪洋村地帶。

- **紅色公共小巴：**

於上水石湖墟內，符興街足球場旁邊，有個紅色公共小巴站，它是沒有站牌，亦沒有任何指示的。於這個站頭，會有寫着坪輋及坪洋村的小巴接載乘客，直到坪洋村內公廁旁為終點站，這個方法是最方便的。(**見相1至3**)

- **綠色專線小巴：**

52K，地鐵東鐵線粉嶺站外，即粉嶺車站路，有52K總站可以上車(**見相4**)，到達坪輋，坪洋村村口九記士多(**見相5**)便要下車，然後步行入村。

- **紅色公共巴士：**

79K，於地鐵東鐵線，上水站外，上水廣場地下巴士總站登車。到達坪輋，坪洋村村口九記士多(**見相5**)便要下車，然後步行入村。

## 入山路徑

坪洋村村口，九記士多旁邊，沿着大路入村，一直跟着大路便會見到村內公廁，繼續沿大路而行，跟着尋路轉去「香園口岸高架橋」下面(**見相6至11**)。穿過橋下直去對面之無名鄉村路，右轉沿鐵線網旁小路前行，到一村屋前左拐往高處再落下，經過簡陋木橋，過旱溝立即往右，進入小型菜田數米後往左行，又數米，見左有分岔路並有一墳，前行約十多米，又往右之分岔路，進入不久，路上左邊有一個大墳，再往前便到達龍穴(**見相12至24**)。

相 1：上水符興街球場旁小巴站

相 2：往坪輋紅色小巴站

相 3：紅色小巴以坪洋村公廁為終點站

相 4：坪洋村口之綠色小巴 52K 站

相 5：紅線示坪輋路入坪洋村，紅圈為 79K 巴士站。

相 6：沿紅線前行一。右為坪洋村公廁。

相 7：沿紅線前行二

相 8：沿紅線前行三

相 9：沿紅線前行四

相 10：尋路往高架橋下

相 11：穿過高架橋下

相 12：往對面無名鄉村路

相 13：在鄉村路見鐵線網右轉

相 14：沿鐵線網旁小路前行

相 15：去到村屋前左拐往較高處

相 16：再落下

相 17：過旱溝

相 18：經過簡陋木橋立即往右

相 19：進入小型菜田數米後往左

相 20：再數米見分岔路，轉左。

相 21：站在分岔路見到一墳，並前行。

相 22：前行約十多米，往右邊分岔路。

相 23：路經左邊有一個大墳，再往前。

相 24：到達「蜈蚣」穴

## 來龍落脈

大龍自深圳市梧桐山，於伯公坳過峽，上龍經過紅花寨，直奔紅花嶺主峰，龍脈繼續奔向西南之禾徑山，於禾徑山向西落一脈，輾轉跌頓而下，經過石寨下、昂塘等地，並穿過禾徑山路，攀升至本穴主峰「龍尾頂」。（見地圖1及相25）

「龍尾頂」山上，現在大部分地方已成為垃圾堆填區，在東北最高處，向西南落龍並過峽，來到本山父母星辰最高處（有地政測量標誌柱位置），這是第一個金星（見相26）。

由第一個金星向下徐徐落脈，下落約數十米後，再次過峽（見相27），龍脈以「弓形」向前頓起第二個金星（見相28），之後繼續落下，略作蛇行後再起出第三個金星（見相29），第三個開出大帳中間出脈直下（見相30），去到穴前數米，又出一稍圓小金星，下面結出「蜈蚣」穴（見相31）。

後面亦附有由金星①開始，一直往下落山，沿路所見金星②，金星③及金星④之照片，此角度所見風光亦甚好。（見相32至34）

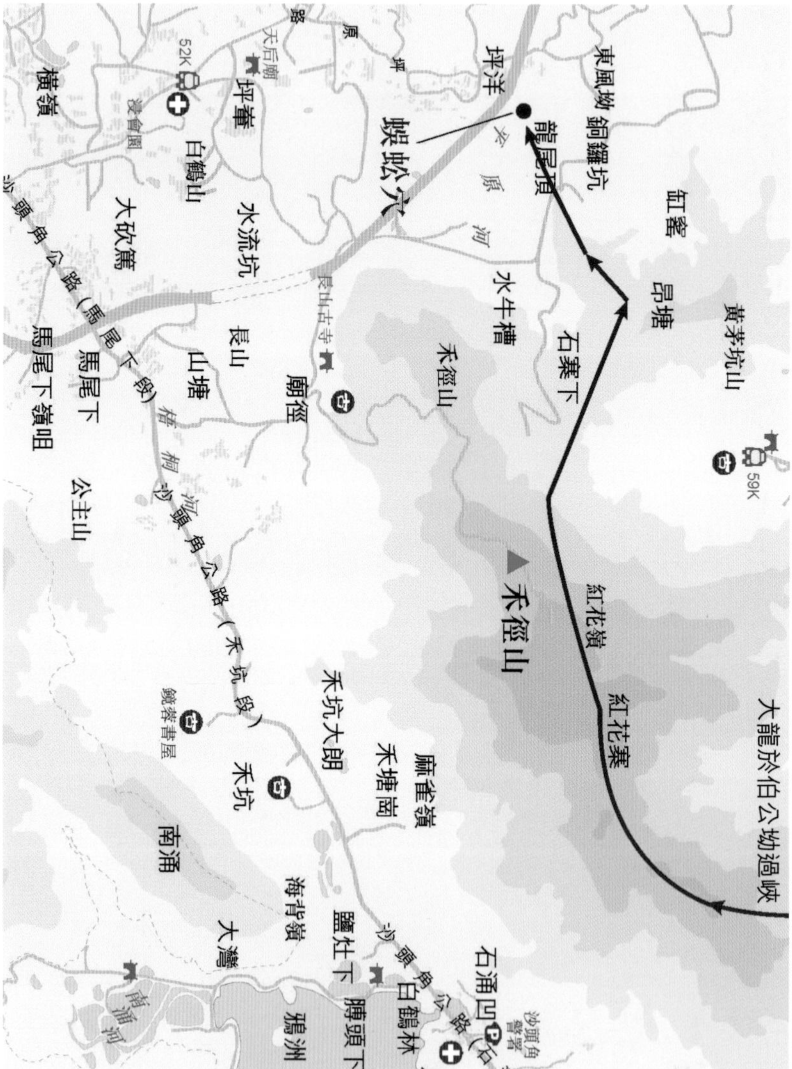


地圖 1：地圖顯示大龍出脈路線

相 25：龍脈由紅花嶺至禾徑山，行龍落脈至龍尾頂全景。

相 26：本山父母星辰最高處是第一個金星位置。紅圈乃龍尾頂最高山峰。

相 27：側面拍攝「蜈蚣」穴父母星辰落形勢。此處可見到金星②以弓背形行龍。

相 28：龍脈由第一個金星向下落脈，再次過峽，頓起第二個金星。

相 29：龍脈由第二個金星，略作蛇行，再去到第三個金星。

相 30：全景拍攝──在穴上第四個金星，向上所見之第三個金星。可見
到金星③向左右開出大帳。

相 31：穴前所見第四及第三個金星

相 32：由金星①下望金星②

相 33：由金星②下望金星③

相 34：由金星③下望金星④

**• 現場實拍 •**

11.1 蜈蚣穴——
來龍落脈、紅花嶺、
禾徑山、龍尾。

11.2 蜈蚣穴——
行龍落脈、
金星①、金星②。

11.3 蜈蚣穴——
在金星②之上
拍攝行龍形勢

11.4 蜈蚣穴——
在金星③之上
拍攝落脈形勢

# 喝象「蜈蚣」穴

此穴墓碑上，雖然沒有寫上地形是甚麼喝象。從穴後山上行龍的氣勢，有如一條大蜈蚣，從山上徐徐爬行落到山下。因此這龍穴是正宗的「蜈蚣」穴是也。（見相35）

**補充：**

在此陳母吳氏龍穴右側路邊經過的大墳（見相23），乃同村陳姓房塚，此墓地碑文上刻有「蜈蚣吐珠」（見相36、37）不過這墓地結於陳母吳氏穴之內白虎砂盡處，其地雖有龍脈益蔭，可惜該龍脈主要職能，是保護陳母吳氏之「正結龍穴」，而該房塚墓地只是「砂頭結穴」。幸好「砂頭結穴」依然吉利，只不過福力相比「正結龍穴」則是小巫見大巫，差天共地矣！

相 35：這個側面角度，來龍似一條爬行的蜈蚣。

相 36：龍穴右側之陳姓房塚墓地。雖是砂頭結穴但尚吉利。

相 37：陳姓房塚石碑上刻有「地形蜈蚣吐珠」

相 38：陳母墓地緊靠小金星，之上還有一個較高大金星，形成「大小貴人」格式。

還有一個細節可以證明陳母吳氏墓地才是正結，就是陳母墓地之上，緊貼一個小金星，小金星山上還有一個較高大金星，兩個金星上下相倚，形成「大小貴人」格式，故不論從格式、龍脈形勢去比較，陳母吳氏穴方是正結。（見相38）

# 龍穴略述

## 墓主及龍穴

墓主乃陳母吳氏墳塋，碑文上寫明是清朝道光癸卯年間造葬（道光二十三年即公元一八四三年），距今二〇一九已經一百七十六年歷史。（見相39、40及圖1）

吳氏塋於土名崗陶甲山庚向兼寅申分
金之原今卜吉重修永垂不朽云爾

**清(顯)妣陳母吳氏孺人之墓**

奉祀五大房仝立

道光癸卯歲季夏月吉日立

公元二零零四年甲申歲孟冬重修

圖 1：碑文原文

相 39：碑文相片

相 40：龍穴照片

## 坐向線度

現在量度墓碑，是坐甲向庚正線，坐山75度，向上255度。（見相41、42）

相 41

相 42：墓碑是坐甲向庚正線，坐山 75 度，向上 255 度。

## 明堂、青龍砂及印星

在穴上左邊距離龍穴大約一百米左右，見到一個頗大的金星印砂，原來此砂源自父母星辰外側抽脈而下，基本上它是青龍砂，可惜因為高架路工程，將一段青龍砂從中間截斷了。**（見相43、44）**

**• 現場實拍 •**

11.5 蜈蚣穴——
山上看青龍砂
出脈形勢

相43：穴上見到的金星印砂

相 44：高處拍攝，青龍砂因為高架路工程之故，中間一段被截斷了。

## 白虎砂

穴上右邊見到一內一外，兩重白虎砂，較近一支內砂，源自第三個金星出脈，貼身下拖而來。外面的一重白虎砂，發脈自第二個金星，急往下落過峽，在外面頓起巨形土形之印星，並開出平面映照龍穴。（見相45）

**補充：龍虎砂上帶印星，子孫後人易得官貴、獲得授予職銜、官銜榮譽、貴人來助等等。**

**• 現場實拍 •**

11.6 蜈蚣穴——外內白虎砂落脈

相 45：全景拍攝內外兩重白虎砂

## 龍局

這個「蜈蚣」穴有個奇怪現象；所有主要高大的砂峰，集中在明堂的左半部；明堂的右半部，雖然都有很多山丘，但是高度一般只有數十米，未知是否因為太過矮小關係，用了多份地圖也沒法查出名字。只有右半部30度至90度之間，見到內外兩重白虎砂親切映照龍穴，算是補救了右半邊的不足。

可惜現在的明堂，前面有一列高架橋橫臥於前，把面前很多較低矮的小山丘都遮擋了，而且前方開始雜樹叢生，若不及早處理這些雜樹，明堂的風水福力定有阻礙。**（見相46）**

慶幸高架橋不算很高，沒有把遠處主要的砂峰遮擋，令到龍局福力仍可維持八九成以上。這個高架橋工程對龍穴影響算是輕微了！**（見相47、48）**

如果走到第三個金星之上，則可以看到更清晰的遠明堂龍局，它的明堂龍局氣勢廣大，東南一側即是青龍左方，一列群山：禾徑山、外面更有龜頭嶺、東山下高聳並列、內有長山、青龍砂之印星（**見相49**）。南方從左到右：九龍坑山、龍山、大帽山、大刀屻山。前方西面為上水華山、雞公嶺、杉山、以及大羅天山、麒麟山、大石磨、羅湖沙嶺（**見相50、51**）。

若果天氣晴朗時，就在大羅天山的右側，遠至屯門青山、乾山、靈渡山亦能收入眼底（**見相52**）。

一覽全局山嶺，在外面團團圍住整個打鼓嶺平原之大明堂。到此龍穴觀看羅城之緊密，外明堂之寬廣，實在不枉此行。（**見相53**）

相 46：龍穴上看明堂，可惜前方雜樹叢生！

相 47：穴上明堂左側 45 度方向

相 48：穴上明堂右側 45 度方向

相 49：第三個金星上拍──左邊 90 度位置。

相 50：第三個金星上拍──明堂左側 45 度位置。

相 51：第三個金星上拍 —— 明堂前方。

相 52：極度晴天時拍，大羅天山右側可以見到屯門青山、乾山、靈渡山。

相 53：明堂全景拍攝

• 現場實拍 •

11.7 蜈蚣穴——
在金星③拍攝遠明堂

禾徑山
龜頭嶺
東山下
長山
九龍坑山
龍山
大帽山
大刀屻山
上水華山
雞
杉山

# 第12章 金鐘覆火

「金鐘覆火」這個風水龍穴，位處於新界元朗黃屋村山後。

## 前往交通

想到此地觀摩風水，最方便是乘坐西鐵線到元朗站下車，離開車站只要沿着朗日路，再轉入朗和路，行到盡頭便見到一個迴旋處，直往對面小路入口，去到裏頭便見到一個牌樓「十八鄉東新黃屋村」，於牌樓的右方見兩棵老榕樹便轉左行，有一條上斜的分叉路，沿此路直入便會到達目的地──「金鐘覆火」。**（見相1至12）**

相 1：西鐵線元朗站

相 2：記得由朗日路，轉入朗和路。

相 3：沿朗和路前行

相 4：盡頭之迴旋處，對面有小路入口。

相 5：十八鄉東新黃屋村

相 6：由右方兩棵老榕樹轉左，上分叉路。

相 7：進入此路

相 8：往上走再下坡

相 9：沿路前往，右邊見到小金星。

相 10：路旁右側有小路

相 11：沿水泥小徑行

相 12：來到目的地

# 「金鐘覆火」的來歷

新界元朗鄧氏，向來十分注重風水，只要其先祖葬於風水龍穴的話，必定記載於族譜之內。圖1、2乃鄧氏族譜中有關「金鐘覆火」之記載。

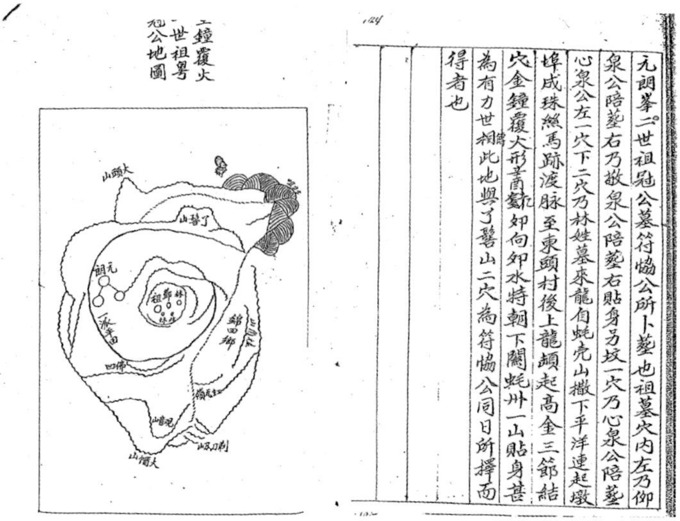
元朗峯二世祖冠公墓符協公所卜塟也祖墓穴內左乃仰泉公陪塟右乃敬泉公陪塟右貼身另坟一穴乃心泉公陪塟心泉公左一穴下二穴乃林姓墓來龍自蚝壳山撤下平洋連起墩埠成珠絲馬跡渡脉至東頭村後上龍頓起高金三節結穴金鐘覆火形辛酉乙卯向卯水特朝下關蚝卅一山貼身甚為有力世相傳此地與丫髻山二穴為符協公同日所擇而得者也

圖1：鄧氏族譜內「金鐘覆火」的山圖及文字紀錄

元朗峰　二世祖冠公墓　符協公所卜塟也
祖墓穴內　左乃仰泉公陪塟也　右乃敬泉
公陪塟　右貼身另坟一穴　乃心泉公陪塟
心泉公左一穴下二穴　乃林姓墓
來龍自蠔殼山　撤下平洋　連起墩埠　成
珠絲馬跡　渡脈至東頭村後　上龍頓起
高金　三節結穴金鐘覆火形　辛酉乙卯
向　卯水特朝　下關蠔州一山貼身甚為有
力　世相傳此地與丫髻山二穴　為符協公
同日所擇而得者也

圖2

又有坊間傳說，鄧氏造葬於此地時，發現有宋朝名江西著名風水師賴布衣，留下地識詩一首云：

「本地有個鐘，鐘內一團火，誰人葬得著，代代食好果。」

但此傳說，並未記載在族譜資料之內。

# 來龍略述

**（一）來龍自蠔殼山**（見地圖1）

**（二）「渡脈至東頭村後，上龍頓起高金」**：

意思指龍脈由高山落到平地，到達東頭村，忽地頓起高聳的金星。（高聳的圓形山丘，稱為「高金」）。

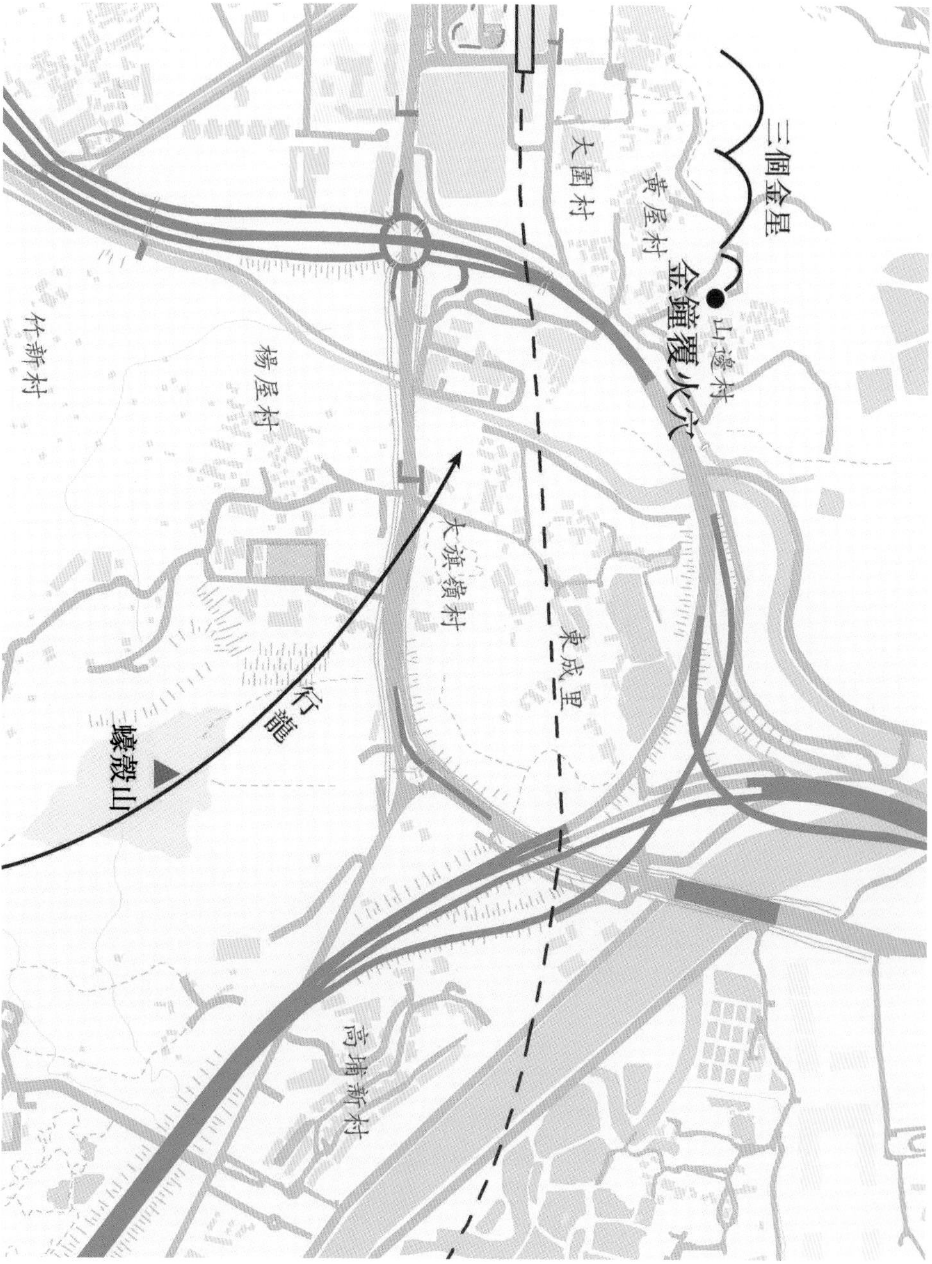


地圖 1：「金鐘覆火」行龍圖——由蠔殼山落脈到青山公路，經東頭村入黃屋村位置。

（三）「三節」：

三節是指三個金星連在一起，是連貫行龍的一種形態。（見圖3及相13、14）

通常連續三個以上金星行龍，古風水書籍一般稱為「串珠行龍」，又有書籍稱為「拋金出脈」。有些山脈行龍，可以連續頓起很多個金星，例如錦田名穴「荷葉跛龜」，它的來龍多達九個金星之多。

而且見到這樣串珠行龍出現，必定會有龍穴在其中，只待有緣人去點中它！

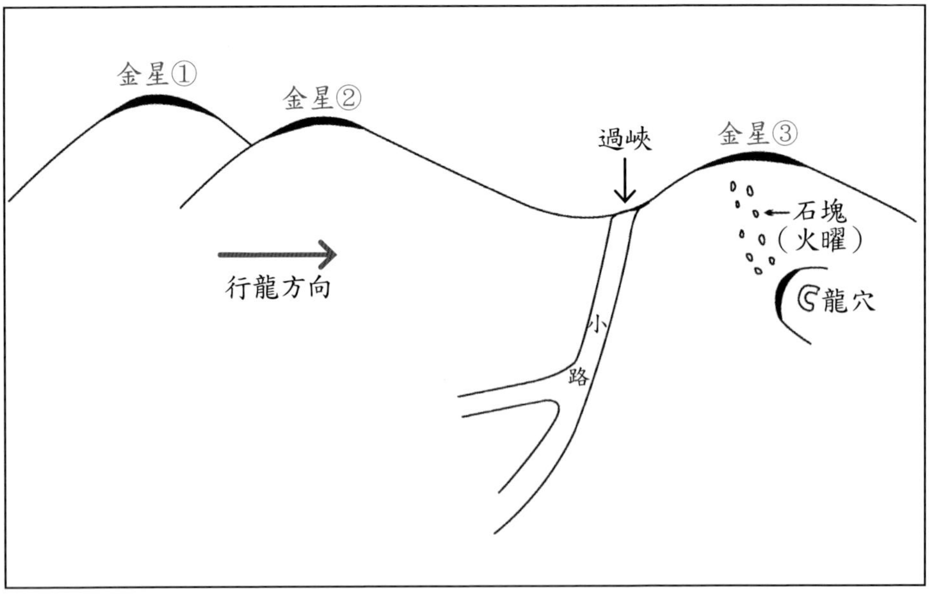


圖3：「金鐘覆火」形局圖

相 13：全景拍攝 —— 左起第一個金星，中間第二個金星，最右第三個金星。

相 14：昔日照片 —— 左第一、二個金星，龍脈下到小路位置，乃過峽處，再向右頓起第三個金星。正穴就在這個金星的右側之下。（現在此地樹木甚多，恐怕讀者未能清楚看見三個金星，故用舊照片。）

**• 現場實拍 •**

12.1 鄧氏金鐘覆火——第二、第三個金星

12.2 鄧氏金鐘覆火——側拍結穴及後龍

## 喝象「金鐘覆火」

鐘，乃古時樂器，其形狀如反轉了的碗。因為這些圓形山丘（金星），跟鐘的形狀很相似，故稱金鐘。（見相15）

現在來龍形勢，連續頓起三個金星山丘。風水學理金星又稱為「金鐘」，是貴砂之一種。至於「覆火」，因為由結穴父母星辰，落脈直下到穴，沿路脈上見有石塊浮現，這些石塊稱為「火曜」，石塊浮現乃龍脈火氣甚猛之意思。故此，連續三個金鐘，下面覆蓋帶着火氣之龍脈，故這龍穴被稱為「金鐘覆火」（注1）。可惜現在穴後樹木茂密，及山上太多墳塋，原來地貌很難辨認出「火曜」，要很花時間或者可以領略一二。（見相16）

相15：現在很多寺院之內，仍然可以見到鐘。（攝於大嶼山東涌石門甲——般若禪寺。）

注1：近數十年來，坊間一直把這龍穴稱為「金鐘覆火」，但是墓碑上卻寫「術家呼為金鐘福地形」。其中之誤，或是昔日此地，數十年被樹林重重包圍，外相破落，令到大家再無興趣仔細觀察，又加上口述之誤，習慣成風，人皆稱此地為「金鐘覆火」而不稱「金鐘福地」。（見相17）

相 16：在穴上拍攝後面父母星辰（靠山），可惜樹木茂密，及山上太多墳塋。

相 17：墓碑上寫「術家呼為金鐘福地形」

# 龍穴略述

## 墓主及龍穴

北宋熙寧二年，即公元一〇六九年，這個龍穴墓主的孫子，鄧符協中進士，授陽春（縣）令，職守南雄路，最後官職承務郎。

元朗鄧氏族譜內所述，這個「金鐘覆火」龍穴是由鄧符協所點穴定針。按照這個時間推算，這個龍穴距今已有九百年歷史。

這個墓穴的主人，是元朗鄧氏的第二世先祖，本名鄧冠，字粵冠，也就是鄧符協的祖父。是宋朝策試貢士（即是等同清朝的舉人名銜），與及其夫人詹氏合葬之處。**（見相18）**

此穴於二〇一一年重新修葺時，鄧氏族人於穴右新設重修碑記，詳述墓地先祖之歷史及源流。**（見相19、20）**

相 18：「金鐘覆火」(攝於二〇一八年)

相 19：穴右之重修碑記

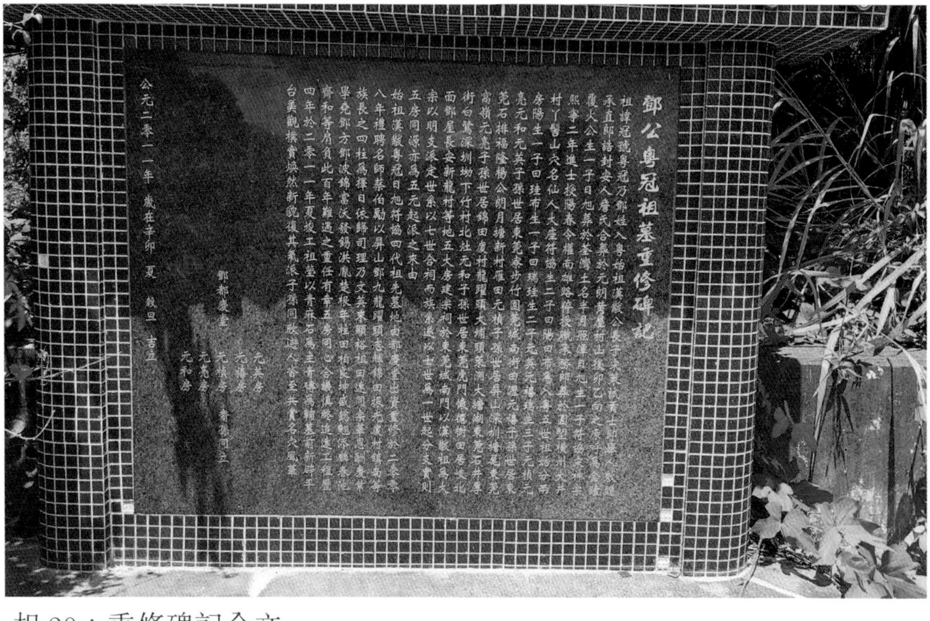


相 20：重修碑記全文

相 21：墓碑的色澤仍然很好

## 坐向線度

墓碑的色澤仍然很好（見相21），相信於二〇一一辛卯年重修時，仍保留舊碑沒有重新打造，故此石碑上有不少的刻字已經模糊不清。

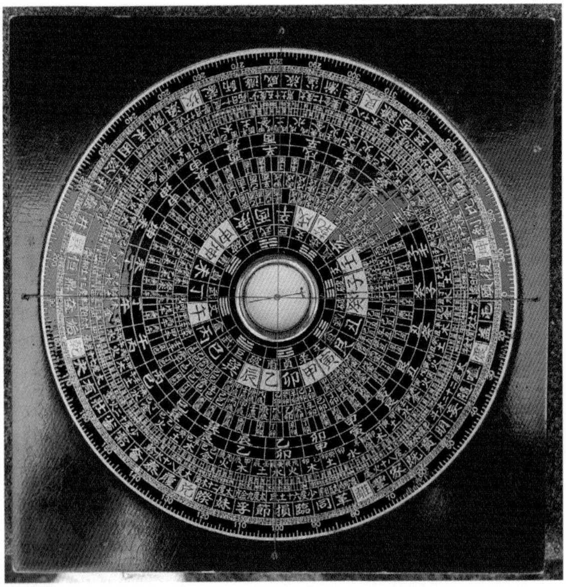

相 22：坐山 281 度，向上 101 度。

現時量度墓碑，坐辛向乙兼酉卯，坐山281度，向上101度（**見相22**）。覆核過天然坐向，跟現在碑向相差了一個二十四山的位置，或是九百年來，中間經歷重修，時任主庚風水師，有否更改坐向，就不得而知！

## 青龍白虎砂

「金鐘覆火」穴和一般龍穴相同，都有青龍砂和白虎砂，只是位置比較遠和被樹木遮擋了，如果粗心大意的話，就以為它是沒有青龍白虎！

穴上右邊90度方向，就在小路旁邊，有一個矮小的山丘，惜已樹木密佈，現在較難看得清楚；但只要走近一些，就可以發現它。這個小山丘即是本穴的白虎砂。**（見相23、24）**

相 23：在龍穴上右方 90 度方向

相 24：拉近近攝遠處的白虎方小山丘

左邊其實原本有一支長砂，它來自後龍第三個金星所延伸出來，此砂就在距離穴上一二十米遠處，略似直臂向前（**見相25**）。這一支砂手就是龍穴本家的青龍砂。如果在穴上看不清楚，去到第三個金星後側，就可以看得明白。（**見相26**）

## 明堂及龍局

風水人士常云：入山尋水口，登穴看明堂。來到名穴「金鐘覆火」，自然要欣賞它的明堂。

**穴上官帽：**

墓碑之上，造有一半圓石塊，稱為「官帽」（**見相27**）；因為墓主人曾經考取功名獲授官職，死後才可以在墳上造官帽，平民百姓則不可以。「官帽」只是官宦之家特別享有的榮耀。

相 25：全景拍攝，左邊青龍砂。

相 26：第三個金星後側，龍脈一直向前，成青龍砂。

相 27：相片正中下方圓形突起之石，便是「官帽」。

很久以前來到之時，穴前數呎生滿重重雜草，障蔽至幾乎不見天日，前方景觀完全看不到。二〇一一年重修後，工人將前方雜草野樹清理，現在才可以重見明堂面貌。

現在水泥地以外，前方皆是一片低地，舊時是一大片種植稻米的水稻田。只不過近六七十年，香港經濟環境改變，再沒有人願意耕種，稻田漸漸荒廢，變成現在樣子。

本來數百年一直以來，這個廣闊明堂，是見到盡是一片水田。換言之昔日「金鐘覆火」一穴，原本是明堂聚水局而取得成就。（注2）

## 下砂收水：

前述青龍砂長直，從穴旁向外直伸向明堂前方。在明堂近處原本有一條不知名小河（**見相28**），略遠處更有錦田河，大小兩河都是從明堂右方發源，橫過明堂前面，並在南生圍以東交匯成合水口（**見相29**），最後於明堂左邊向北方流去。附上地圖供各位參考（**見地圖2**）

**注2**：五行上，金主義，木主仁，水。主智，火主禮，土主信。龍穴前方見水，應驗福主後人多為聰明才智之士。風水學上，水為財帛徵兆，特別利於後人多發富。

相 28：不知名小河，紅圈為「金鐘覆火」之第三個金星，對面馬路是蠔州路。

相 29：錦田河與穴前不知名小河，兩河交匯之合水口。

這個青龍砂有兩個作用，一來遮擋合水口；二來從形勢上看，青龍砂就似一幅牆壁，把遠處的來水堵截住，保留在明堂前方。**風水學理上，稱為「下砂收水」，很利子孫財福。口訣云：**「下砂長收源流水，兒孫買盡世間田」**正是此妙。**

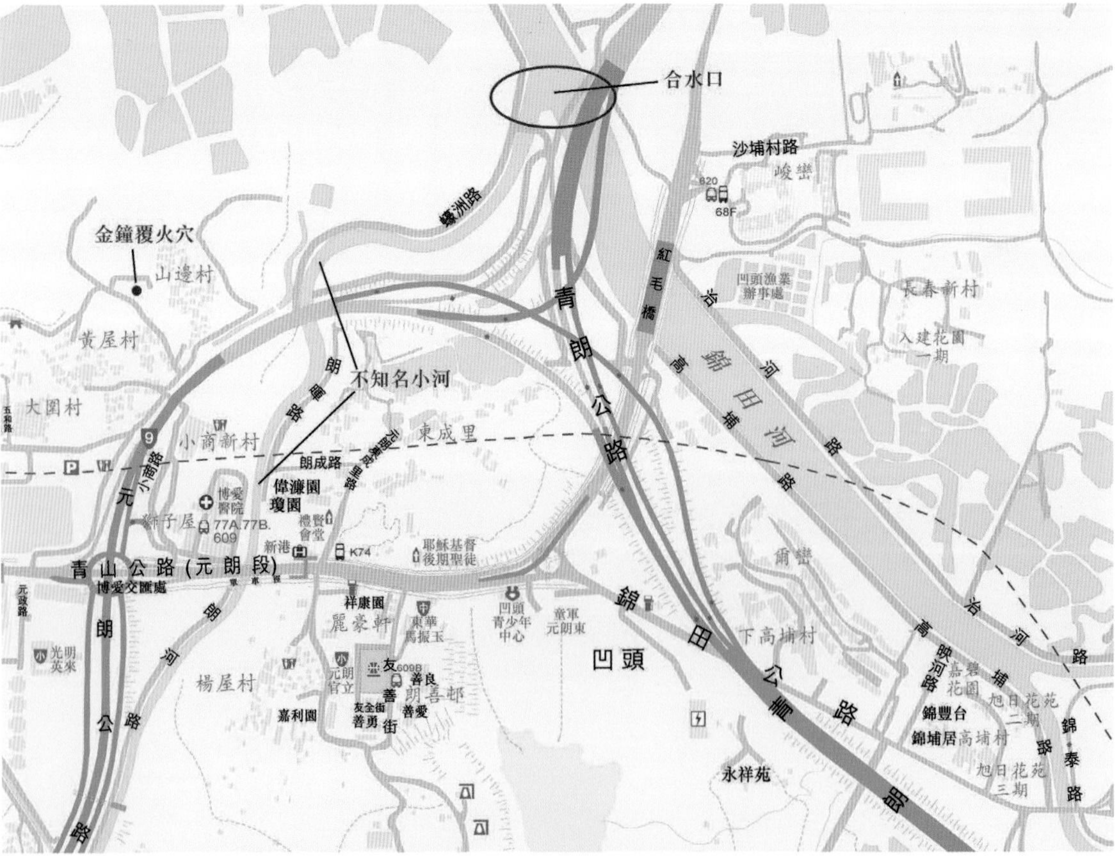


地圖 2：地圖上看，「金鐘覆火」穴在黃屋村，前有一條不知名小河，外錦田河，於南生圍以東交匯成「合水口」。

**明堂景觀：**

從龍穴之上看，一眼看去只見遠遠近近都是樹！昔日面前兩河交錯，大片稻田美景，很多遠處重要的山峰，例如雞公嶺、蠔殼山及掌牛山，都被樹林遮蔽得七零八落，甚至完全看不見，令到大好龍局逐漸走下坡！（見相30至33）

若是各位讀者不怕辛苦，走到穴前蠔州路不知名小河附近，就可以看到「金鐘覆火」遠處明堂的真正美景。最左邊隱約可見雞公嶺，依次大刀屻山，觀音山，大帽山，轆牛山緊貼在大帽山下，眾山一個又一個緊貼，形成「羅城」之勢。有羅城圍繞的龍穴，對子孫後人發展，亦是很有幫助的一個重要條件。（見相34）

相 30：穴前明堂景觀

相 31：穴上明堂左側景觀

相 32：穴上明堂右側景觀

相 33：明堂全景

相 34：於蠔州路，南生圍路附近拍，「金鐘覆火」羅城景觀，面前為錦田河。

**• 現場實拍 •**

12.3 鄧氏金鐘覆火——
明堂環迴拍攝

# 第13章 寒牛不出欄

在粉嶺入沙頭角公路，去到上禾坑村，對面是「上禾坑村土葬區」，山上有一個龍穴，本名「黃龍戲珠」；不過，它另外有一個名稱叫「寒牛不出欄」。也因為坊間出現有另外的講法，發現原來很多風水學子未必能夠弄清楚，甚麼情況下喝象是「黃龍戲珠」？甚麼情況下喝象是「寒牛不出欄」？除此之外，這個龍穴點地操作的問題，很具學術討論價值，故特以此穴「寒牛不出欄」作為文章選題。

## 前往交通

- **公共交通：**

78K巴士，上水廣場巴士總站登車，於「萬屋邊」下車（**見相1、2**）。並繼續沿路向前行大約二百米，步行到「雞寮村」，旁邊是「上禾坑村土葬區」，然後準備上山。

- **綠色專線小巴：**

55K，東鐵線上水站外，專線小巴站登車。56K，東鐵線粉嶺站外，專線小巴站登車。兩車都可以在雞寮村，「上禾坑村土葬區」下車。

目的地位於沙頭角公路去雞寮村，由於此村實在太小，故此外面並沒有路牌指示，只有依靠路口旁邊，有一個「上禾坑村土葬區」作識別，並由此開始上山。**（見相3、4）**

由村口沿路前往一幢黃色圍牆建築前，並向右轉上，經過一廠房登上數級石級後往左方，便已進入泥路，一直沿泥路上山，穿過一小樹林，樹林內經過一段石級，面前便是分岔路，向左邊走才是正確。若向右邊只能去「浮雲湧日」，可惜此穴明堂已變無甚可觀。

前行不久景觀已甚為開揚，只要沿山路而行，不久便見有路引領落斜而下，之後便到達龍穴「寒牛不出欄」。**（見相5至18）**

相 1：78K 巴士站

相 2：「萬屋邊」巴士站

相 3：沿相片左邊入去。相片右邊就是「上禾坑村土葬區」。

相 4：「上禾坑村土葬區」指示牌。

相 5：行入村內一

相 6：行入村內二

相 7：黃色圍牆建築前右轉上去

相 8：經過一廠房登上石級

相 9：前行並轉往左方

相 10：上山路一

相 11：上山路二

相 12：上山路三

相 13：依紅色箭嘴，在墳旁進入樹林。

相 14：樹林路上前方有石級 (見紅圈)

相 15：走上石級見分岔路，往左去目的地。

相 16：沿山路而行

相 17：順着山路引領，落斜而下。

相 18：到達龍穴

## 來龍落脈

於紅花嶺山上，龍脈自峰頂向東南方向旋出一脈，以水星行龍的形勢，連同本身主峰一共出現六個緊密連接的金星。當龍脈去到第六個金星，龍脈急速轉勢，以倒地木向山下直拖，稍作束咽頓起第七個金星，在此展開一列較低之山嶺，再頓起第八及第九個金星。**（見相19、20）**

由第七至第九個金星之間，便是龍穴的父母星辰所在。

金星⑥除了落下一支木星脈（龍脈1）**（見相21）**，就在木星脈半路中途，忽然向西面閃出另外一支龍脈（龍脈2），作為龍穴的外白虎砂。

金星⑧出一支（龍脈3）輾轉向西行，作龍穴的內白虎砂。

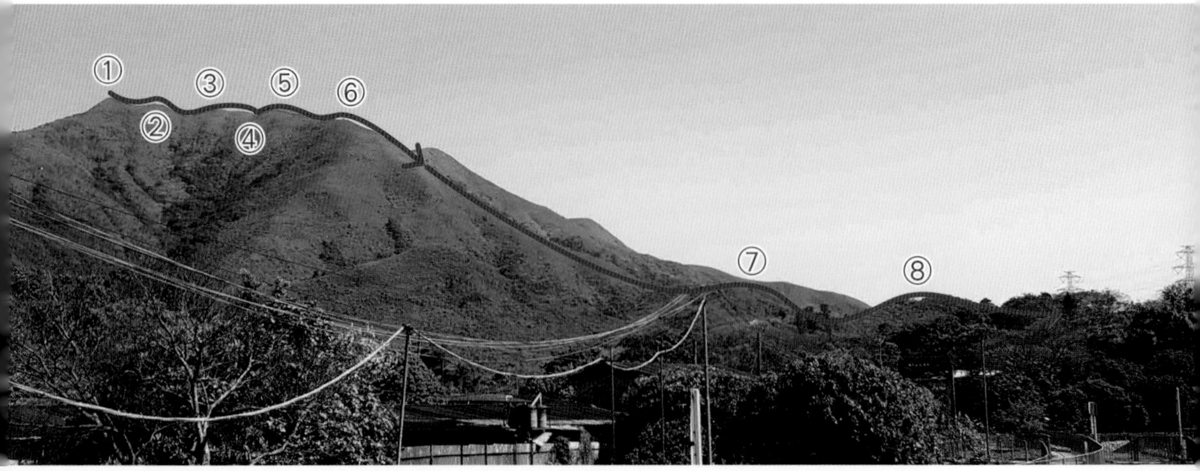


相 19：山下拍攝紅花嶺山上水星行龍姿態 (由金星①至金星⑥)。

金星⑧向着金星⑨前行，就在中間橫向伸出一支龍脈4，以木星脈形式落山，前去結出龍穴。（見相22）

近電塔附近的金星⑨，亦向西橫伸出一支龍脈5，這是龍穴的青龍砂。（見相21）

整個從紅花嶺山上出脈，落到山下拋出金星⑦⑧⑨，以及再延伸出青龍砂、白虎砂、主脈等形勢，請看手繪山圖（見圖1）。

**• 現場實拍 •**

13.1 寒牛不出欄——青龍上拍攝山上落龍出脈至牛身、主脈、青龍白虎砂

13.2 寒牛不出欄——牛身之上拍攝、內外白虎砂出脈

相20：紅花嶺山上全景拍攝，金星①至金星⑥的水星行龍。

相 21：金星⑥落山出脈及半路伸出外青龍砂 (龍脈 1)。
金星⑧伸出內白虎砂 (龍脈 3)。
金星⑧及金星⑨的中間，橫伸一支 (龍脈 4)。
金星⑨伸出一支青龍砂 (龍脈 5)。

相 22：近拍結穴之主脈 (龍脈 4) 及龍穴位置

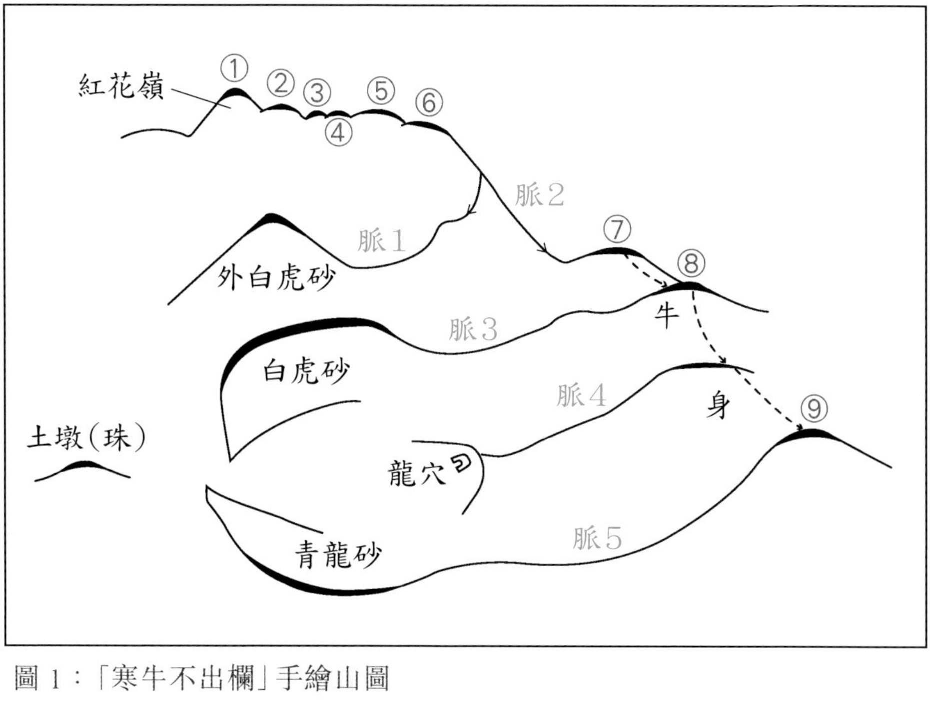


圖 1：「寒牛不出欄」手繪山圖

# 喝象「寒牛不出欄」

首先必須解釋，為甚麼這個龍穴，墓碑上本來注明「黃龍戲珠」，但是筆者堅持此穴實為「寒牛不出欄」方為正確。

**原因非常簡單，蓋「龍」乃一眾神物之中地位最高，尊貴無比，亦是守護正法的天龍八部之一。凡所有喝「龍形」之穴，其結穴之龍身，從來只有單獨一支龍脈，由發脈行龍去到結穴處，是不會再有其他龍脈在左右擁護的！**

**現在此穴有青龍砂、白虎砂，在左右兩邊包裹中間結穴之主龍脈。故此這個龍穴就不能以「龍」作喝名，這是從前主庚風水地師，給錯了喝象名字！（讀者可參考拙作《香港尋龍點穴錄》內「黃龍出洞」之整條龍身，亦是無龍虎砂在兩邊。）**

至於「寒牛不出欄」牛身在哪？請參考山圖**圖2**，入面注明「寒牛不出欄」之山嶺，這個即是牛身部分（**見相24、25**）。今次龍穴的牛身，則是位於金星⑦⑧⑨此列山嶺，各位亦可回顧**相片21、23及圖1**便容易明白。

參考古籍山圖**圖2**之內的牛足，也就是以長長的龍砂及虎砂為牛足部分，亦即是牛欄之形狀。牛隻本來於山上自由吃草，但冬季氣候寒冷及下雪，牛隻反而喜歡躲入

相 23：金星⑧之景觀

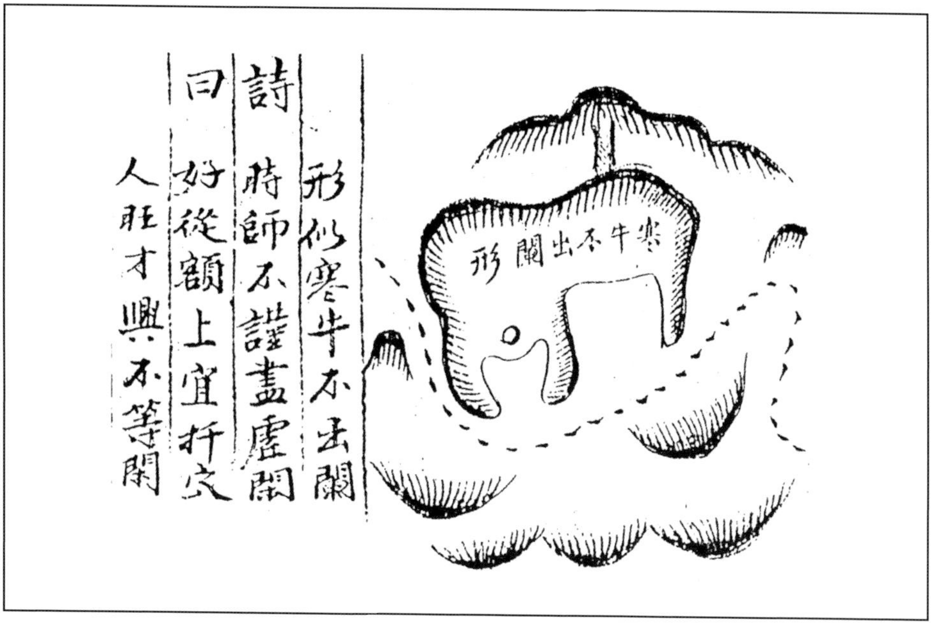


圖 2：手繪山圖

牛欄避寒。又因為結穴之主脈甚短，有如牛隻畏寒，縮入欄內不肯跑到外面，故曰「寒牛」。

因此以上原因，龍穴應該喝名「寒牛不出欄」才是正確。

相 24：牛身位置示意（見藍圈）

相 25：於金星⑨位置附近望去金星⑧，見到山嶺上部分牛身。

# 龍穴略述

## 墓主及龍穴

這個龍穴的墓主，是錦田廈村之鄧氏六世祖壽祖公及夫人鄭氏合葬墓。

這個「六世祖」的稱謂，相信是其後人以「今派」方式計算，請參看前文「七星金龍」穴有詳細解釋（見176頁）。

以漢黻公為入粵一世祖，則壽祖公該為第十二世祖。

相 26：龍穴相片一

相 27：龍穴相片二

相 28：龍穴相片三

**・現場實拍・**

13.3 寒牛不出欄——穴上環迴拍攝

13.4 寒牛不出欄——穴上所見明堂

## 坐向線度

現在量度墓碑，得出坐甲向庚兼寅申，坐山73度，向上253度。

相29：墓碑坐甲向庚兼寅申

相30：坐山73度，向上253度。

相 31：墓碑相片

公
諱壽祖號南獻乃辛翁公之子郡馬自明公玄孫
也生二子處安敬安處生子康仁康義仁生二子
洪生洪惠敬生子德荷德蘭荷生二子洪儀洪贄
公與淑人合塋于黃龍戲珠甲山庚向之原

**六世祖** 考元提領忠武校尉壽祖鄧公
誥封淑德安人鄭氏 **之墓**

道光二十八年 錦田
廈村 二鄉子孫仝立

圖 3：碑文原文（部分文字乃古字，現以今人之字示之，並以灰色標出。）

## 明堂及龍局

這個龍穴的明堂龍局，氣勢殊不簡單，有幾處地方值得特別一提。

（一）青龍砂：在山上牛身的第九個金星之上，出一支山脈向西，這支脈即是沿途上山的路徑，經過一次東咽過峽，頓起一個大金星並且開出平面映照龍穴（見相32），此青龍砂頭甚是有力，既是貴人亦是官印。（見相33、34）

相 32：於登山路徑上拍攝，所見青龍砂過峽（紅線下彎低處）再頓起大金星。

相 33：主脈上拍攝——青龍砂出脈全景。

相 34：拉近拍攝，青龍砂頓起大金星，並開出平面映照龍穴。

（二）白虎砂：穴上右側45度方位，見到近身一個高大土星作白虎砂，它的高度比青龍砂更高，同樣以平面映照龍穴，最特別之處見到土星之上，亦見外白虎砂頓起一個更高大的金星，其形勢剛好在土星的上面，這種情況貴人再逢貴人，會益蔭子孫後人事業上得到「升朝貴顯」之利。（見相35、36）

相 35：牛身上拍攝——內、外白虎砂出脈全景。

相 36：龍穴右側 45 度角，所見土星白虎砂及砂上貴人，此形格有「升朝貴顯」之利。

（三）去到龍穴之上，面前一片樹木令到明堂蔽塞（**見相37**），原本左邊青龍砂之大金星，現時已經沒法看得見（**見相38**）。尚幸右側白虎那邊，仍有一片地方稍為漏空，令到龍穴仍然得到多少撥砂之利益！

相 37：龍穴面前一片樹木，令到明堂蔽塞。

相 38：龍穴左側已看不到青龍砂頭大金星映照。只能勉強見到青龍砂金星之上，人家擺放金塔之小屋 (見紅圈) 。

**• 現場實拍 •**

13.5 寒牛不出欄——
山上拍攝明堂

（四）遠明堂之龍局氣勢甚為可觀，只要走到主脈較高地方，就能一覽無遺了。從山上所見由左至右，先行見到龜頭嶺拖出一支長脈，再頓起一個土星橫入明堂中央，龜頭嶺之後，依次石坳山、更遠的大帽山、觀音山、近一些龍山、九龍坑山、面前遠方北大刀屻山、旁為雞公嶺、跟右側華山、公主山、以及緊貼外白虎砂的禾徑山。整個龍局緊密關鎖，確是山環水抱氣聚有情。登上此穴真是不枉此行。**（見相39）**

相 39：較高位置拍攝明堂全景

# 龍穴點評

若果純粹用巒頭去評論，這個龍穴確是福力非凡。可惜眼下所見之條件，卻是毛病多多，即使集合「貴人」、「官印」、「升朝貴顯」等絕對優勢也難得其益處。

此穴自從造葬以後，經歷元、明、清三朝邇來直到今天，所有直屬的子孫後人，究竟能夠蔭發幾多大官大貴、升朝貴顯之人？則有待詳細考證！

各位讀者別以為筆者戲弄，一邊廂說到貴顯無比，另一邊廂又說有些疑問。究其原因只有兩個：

**（一）貪峰失向：**昔日主庚地

師，將穴前一個很近的小山峰作為案台看待（見相40），並以此作為墓碑定立坐向的依據，這是犯了「貪峰失向」之敝端。他又怎會知這個方向，跟天然正確之方向相差了好一大截。

到目前為止，坊間仍有迷醉於使用「四大局水法」、「八大局水法」、「百廿分金」、「穿山透地」、「收山收水」、「撥砂立向」、「六十四卦」、「格龍定向」、「天

相 40：現在墓碑坐向，對正紅線所指之小山峰，犯正「貪峰失向」之誤。

星」……等等方法去計算安碑立向，當成金科玉律更是大有人在！

而且愈是偏離「天然正向」的度數愈遠，龍穴的福力只有一路減低下去，結果令到墓主先人得到龍穴的庇蔭只有大打折扣，甚至只能得到一點一滴的龍蔭。風水地師為人家點穴造葬，本來是施福於主家，但是現在之效果，反而壓制福主本來應該得到的福蔭，這是功不抵過的嚴重失誤。

**（二）點穴失誤：**這個龍穴所點位置，出了嚴重失手之錯誤，令到龍穴原有之福蔭力，減到低無可低。因為定穴之位置已經超出「爐底」（**見注1**）範圍，故此現在之穴位，是完全不及格之作品！

還有一個重要信號出現給大家參考，墓碑石塊之上，出現一條裂紋（**見相41**），這條裂紋是風水不好之現象也。

注1：很多人誤解「爐底」，當成是「平鋪」之解釋，其實「爐底」是尋找穴位正確所在的輔助徵兆；至於「平鋪」，則是幫助證明這裏附近，必有一個龍穴的徵兆，兩者作用是完全不一樣。

相 41：墓碑出現裂痕

# 第14章 狐狸過水

名穴「狐狸過水」之來由，跟過去一段歷史「靖康之難」，有着一段深厚的淵源：公元一一二六丙午年，即北宋末靖康元年，金兵南侵擄走徽宗及欽宗二位皇帝，史稱為「靖康之難」。也是因為這個歷史開端，引發往後元朗鄧氏，出了一位稅院郡馬（郡馬即郡主的丈夫）。

新界錦田鄧氏官方網頁，亦有以下的紀錄為佐證：

**鄧族之分遷　皇姑後裔分居新界錦田及東莞**

鄧符協遷居於岑田（錦田）之後，將一世祖鄧漢黻之骨殖移於丫髻山之玉女拜堂，二世祖鄧冠於元朗之金鐘覆火，三世祖鄧旭於荃灣曹公潭之半月照潭。而日後鄧符協則預卜葬於丫髻山之仙人大座。後人就把上述四穴稱為鄧族四大祖山。而在鄧符協的努力開墾下，鄧氏子孫繁衍開枝，成為一大族。

鄧符協生二子，長名陽，次名布；陽生一子名珪、布生一子名瑞；珪生二子名元英、元禧：瑞生三子名元禎、元亮、元和。元英、元禧及元和之子孫居東莞：元禎子孫居（屏）山，元亮子孫居錦田。廈村、龍躍頭、大埔頭及萊洞，此五元祖即五大房。

鄧元亮於宋徽宗時官至承務郎、任江西贛州縣令。後來金兵南侵中原，宋兵節節敗退，宋徽宗、欽宗二人被金兵所擄。宋高宗遷都臨安帝號建炎。三年（一一二九），金兵再犯江南，宋朝皇室中人流散至贛州，衛隆祐王后及潘妃等被困，官人四散，高宗之女趙氏，年僅八歲，亦失散。鄧元亮起兵勤王，平定戰亂，並於路上收留趙氏女，但幼女不肯將身世相告，只說自己是中州趙姓（此女即是高宗之公主）。元亮將趙女收留並撫養成人，並將趙女許配與其子鄧自明。二人婚後生下林、杞、槐、梓等四子。鄧自明於宋孝宗己丑年（一一六九）逝世時年三十六歲，趙氏撫育四子成才。之後宋光宗（一一九〇）即位，而趙氏亦老，於是命長子鄧林持其手書及當年高宗之信物上朝，面見光宗。光宗帝查明真相，大為感動，立即相認，並稱趙氏為皇姑，封為郡主，追贈鄧自明為稅院郡馬，長子鄧林授迪功郎，其餘三子封為國舍，皇姑辭歸京師，仍居東莞。宋光宗乃賜東莞良田，以為脂粉資。由於鄧氏得姓南陽，而鄧自明又為稅院郡馬，所以錦田的祠堂、村屋、都會寫有「南陽世澤，稅院家聲」的對聯。

後林祖子孫分居龍躍頭，杞祖子孫分居東莞、槐祖子孫分居大埔頭、萊洞；而梓祖子孫則分居錦田及廈村。

# 前往交通

建議由元朗市出發，沿青山公路元朗段東行，經過凹頭迴旋處（不上坡），靠左行，再路經一迴旋處靠左往上水方向，約二三百米便見有高架行車天橋橫跨，橋下左邊有一條小路，便是南生圍路。

在南生圍路口下車後，沿行人路，朝元朗市方向前行約一百米，路旁有一小徑入山，甫入小徑約十米，左前方便見三個相連墓地，中間那墓才是龍穴「狐狸過水」。（見地圖1及相1至5）

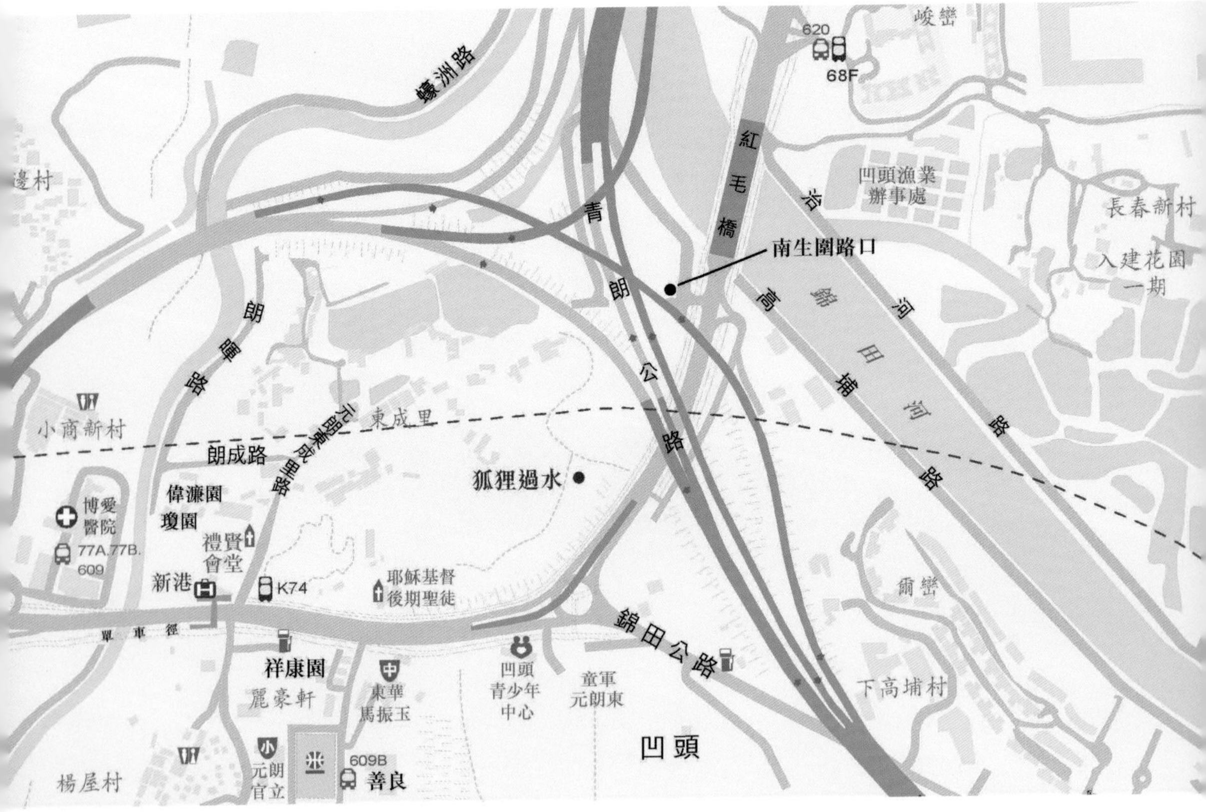


地圖 1：狐狸過水之地理位置圖

相 1：青山公路元朗段東行（上水方向）

相 2：南生圍路下車

相 3：汽車天橋下沿行人路，元朗方向前行。

相 4：約一百米後，見入山小徑。

相 5：前行十米便到達，中間之墓才是龍穴「狐狸過水」。

## 風水傳說

相傳宋光宗皇帝，得悉鄧自明已故，特命國師厲伯紹（厲布衣）南下入粵，為鄧自明點得此穴「狐狸過水」。後皇姑歿，葬於東莞石井村「獅子滾球」，亦為厲伯紹所點穴。

又因為厲伯紹別號厲布衣，亦有把厲布衣誤說為賴布衣，故又有一傳言，宋朝著名風水師賴布衣曾經到過廣東尋龍點穴云云。

## 喝象「狐狸過水」

前輩曾言，以前未建公路及行車天橋以前，於遠處位置眺望這「狐狸過水」龍穴，見其來龍自蠔殼山，蠔殼山就是狐狸的身體，而龍脈自東南往西北卸下，過峽越過青山公路，龍脈直奔東成里，再來到結穴之父母山。過峽位置就是狐狸的頸項，去到結穴之山丘，就是狐狸的頭部。狐狸的頭前面東方有一寬闊河面，就是錦田河（見相6、7），其意欲度過河面往對岸，故稱「狐狸過水」。

相 6：電塔位置為狐狸過水之父母靠山 (紅圈)，龍穴則在電塔下 (箭嘴)，面前乃錦田河。

**• 現場實拍 •**

14.1 鄧氏狐狸過水——
錦田河望龍穴之金星

相 7：錦田河景色

## 靠山及落脈

這個龍穴的父母靠山，從穴前看上去，因為被後頭的樹木遮蔽，完全看不到它的盧山真面目。（見相8）

穴右邊有梯級登上，金星高度約莫有二三十米，龍脈自金星頂處，約以30度緩緩下坡直抵穴場。雖然山坡葬滿墳塋，無法仔細看清楚龍脈下坡的詳情。但從龍脈落下的大約形勢，初步看到山坡的形狀，似一棵高大的樹木，身形筆直斜斜地倒下，樹頂擱在山上樹腳在山下。這種行龍形勢，叫作「木星脈」，又或稱為「倒地木」。（見相9、10）

相 8：「狐狸過水」的整個金星靠山 (紅線所示)

相 9：在金星高處旁邊，所見到山坡筆直斜斜地落下，成倒地木形勢。(紅線所示)

相 10：其他木星脈的例子

**・現場實拍・**

14.2 鄧氏狐狸過水——龍穴及金星

# 龍穴略述

## 墓主及龍穴

此龍穴主乃錦田鄧氏八世祖，惟汲公字自明的墓地。（見相11）

去到龍穴之上，墓碑上也有詳細的紀錄關於前述之歷史故事。茲將碑文抄寫下來（見相12及圖1）。

墓前平舖（又名子孫堂）寬敞，光是與包金之間已有十呎距離，還未量度金堂的深度。穴場的平舖夠寬闊，有利日後子孫人口繁盛，瓜瓞綿綿。前文鄧氏官網曰：「後林祖子孫分居龍躍頭，杞祖子孫分居東莞、槐祖子孫分居大埔頭、萊洞；而梓祖子孫則分居錦田及廈村。」可為足夠證明矣！（見相13、14）

相 11：中間之墓穴為「狐狸過水」

相 12：墓碑照片

祖諱惟汲字自明號吉山乃元亮公之子尚高宗原封康王故莞記載
姬宋康王女遭亂播遷鄧銑勤王有功以配其子時宋亂未平公與
姬隱於錦田庄舍至紹熙年間公已歿皇姬命長子林持手書上光
宗封祖為稅院郡馬賜祭田十頃莞之山場餉渡並賜焉後皇姑有
渡送資福寺今資福寺供奉祿位如故祖母趙氏稱皇姑稱姬不稱
公主蓋光宗所命而言也公葬於錦田村西前佛凹嶺卯甲向狐狸
過水之形皇姑趙氏葬於東莞石井獅子滾球坤申向生四子林杞
槐梓

**宋封稅院郡馬自明鄧公之墓**

奉祀裔孫
勷勤　沃周
董琴　錫良
慶堂　錫禕
鳳廷　伯裘
仝敬立

民國廿一年歲次壬申臘月穀旦重修

圖 1：碑文原文

相 13

相 14

相 13、14：這兩張照片可以看到穴前平鋪闊大，很利人丁興旺開枝散葉。

相 15：穴前左方有一重修墓誌

一九九〇庚午年鄧氏族人曾把墓地重修一次，於墓地左前方立一石碑作為紀錄。（見相15）

**補充資料：**

（一）墓碑上墓主死後獲封「稅院郡馬」；前文亦提及後人為表揚先祖榮耀，故此特別以對聯「南陽世澤，稅院家聲」，來顯示與其他鄧姓宗親的不同地位。時至今日在錦田一帶仍可發現門前貼有此對聯的祠堂。（見相16）

（二）公元一二七六年南宋亡國後，元兵為求斬草除根，大舉南下追殺宋國皇族血脈，故有「崖山血戰」一役（地

相 16：錦田廣瑜鄧公祠，門前對聯：「南陽世澤，稅院家聲」。

點在廣東新會南端河口，即今日之黃茅海），十萬宋兵全部戰死海上，左丞相陸秀夫背負八歲宋帝昺蹈海而亡。傳說鄧氏子孫，為免昔日皇親國戚關係，招來元兵滅族之禍，遂將郡馬墓地拆除免留證據，因此墓地曾經消失了百年時間，待元朝亡後，鄧氏子孫方重新造墓。

所以今日所見墓地之規模及大小，均比其他鄧氏先祖龍穴遜色很多。

## 坐向線度

現在量度墓碑方向，坐酉向卯兼庚甲，坐山267度，向上87度。（見相17）

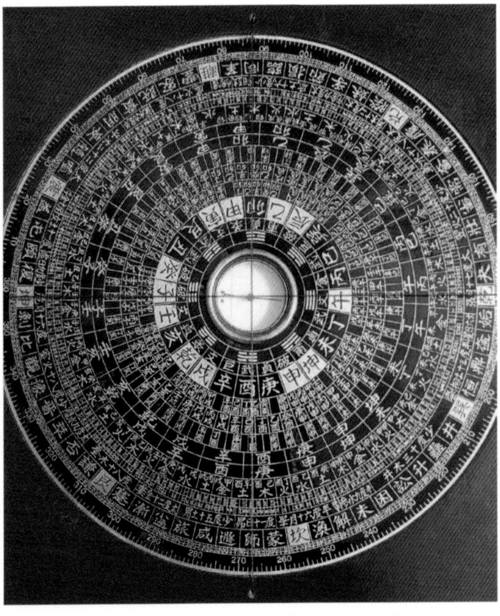

相 17：坐山 267 度，向上 87 度。

## 明堂及龍局

請各位先行參考，以地圖形式標示的龍局形勢。（見地圖2）

「狐狸過水」以前的明堂，前方是大片魚塘或是水田，錦田河逆水入局，作為主要景觀。從地圖上見到，遠山由左邊起，圭角山雞公嶺在左上方，正面是大刀屻山、橫台山，依次觀音山，大帽山（地圖未涵蓋）、轆牛山，最右邊為掌牛山、蠔殼山。（見相18至20）

唯是時移勢易，魚塘水田已消失了，明堂面前建有一條高架行車天橋，位置也很貼近，又見電塔、高樓；以上都是隔絕了原來明堂之上的砂水，令到龍穴不能獲得原局砂水的益處。唯有走到金星之上，

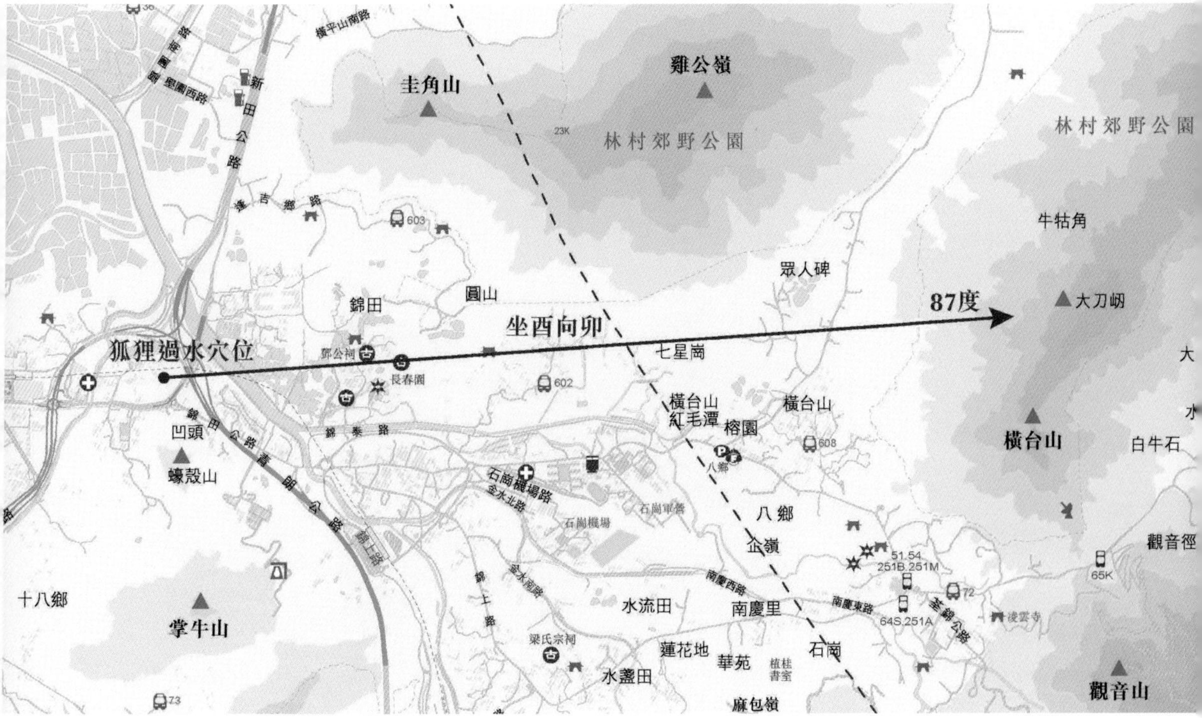

地圖 2：紅色直線乃龍穴坐向

仍可看到圭角山、雞公嶺、蠔殼山之全貌，聊勝於無。（見相21、22）

幸好自身的父母靠山，龍脈以至穴場等等，一切還是很好，沒有受到任何破壞，令到情況未去到最差境地。

18：穴場前方正向照片，仍可辨認左前方為雞公嶺，中間為大刀屻山，其餘只有樹木、行車天橋、電塔、高樓之景觀。

19：穴上左邊 45 度方向，勉強可見圭角山、雞公嶺。

相 20：穴場右邊 45 度方向。原本之觀音山、大帽山、轆牛山全被樓宇遮擋。

相 21：站金星頂上清楚見到圭角山，雞公嶺全貌。

相 22：金星之上右邊 90 度所拍攝，相片中央之山峰為蠔殼山。

本來此穴亦有青龍砂保護，就在左邊五六十米之外，但已被行車天橋所遮蓋；至於白虎砂則不太明顯，亦可能因為道路基建而消失；且因為拍攝照片效果很難令讀者明白，故此對青龍白虎兩砂不作評論。

## 龍穴點評

現在見到的「狐狸過水」的位置，它共有三個墓穴相連在一起，中間那一穴，才是貨真價實的龍穴。此地原葬一穴，旁邊兩穴都是後期附葬。這種情況是很有問題的！

**明朝風水地師，李默齋的《闢徑集》所言，最忌在正穴旁邊加葬，絕對無吉利可言！**

在下尋龍點穴為福主造葬，實戰經驗所見之龍穴，面積大小不一。最小者只得一英尺平方之地。再大之龍穴也很少超過五呎乘五呎。照如是而言，這種旁邊加葬的墓地，已經脱離龍穴的覆蓋範圍，根本沾不上龍脈的益蔭。隨時更會惹到水蟻侵入穴內之可能，會損蝕先人骨殖，而且對子孫後人絕對是有凶無吉的！

# 第15章 鼇地

「鼇」這個中文字比較深，也略解釋一下：「鼇」粵音敖，字典從「黽」部首，「鰲」字乃俗寫。一般解為海中大龜，亦是遠古神話傳說的其中一種動物。

「鼇」的真正解釋：相傳在遠古時代，有金、銀色的兩條鯉魚，想跳過龍門，飛入雲端升天化為龍。它們偷吞了海裏的龍珠，可惜最後只能變成龍頭魚身，後世稱之謂鼇魚。**（見圖1）**

圖1：鼇魚

又《淮南子．覽冥篇》中有「女媧煉五色石以補蒼天，斷鼇足以立四極」之説。也就是説，共工氏頭撞不周山後，一根天柱斷了，另外三根也已毀壞，女媧擔心天要塌下來，趕緊抓住了一條很大很大的鼇魚，砍下它的四條腿，墩在大地的四個角上，化作四條天柱，把天頂着，這就是鼇魚頂天負地之傳説。

今次尋龍點穴主題以「鼇地」為名的一個龍穴。而且還是新界上水廖氏的始世祖，廖仲傑及夫人的合葬墓地。

# 前往交通

## ● 公共交通工具：

如果乘坐東鐵線，於上水站下車，在上水廣場外有公共小巴總站，乘50A綠色專線小巴，直達金錢村下車，沿金錢路步行往「賽馬會雙魚河鄉村會所」方向，約十分鐘內便可到達「鼇地」。

## ● 自行駕車：

若駕車前往此地，可沿粉嶺公路，去到彩園邨外圍，到9號出口（石崗、古洞、文錦渡），入迴旋處，往古洞方向，於交通燈右轉入青山公路古洞段。約一公里，路上見私人屋苑「高爾夫景園」，旁有金錢路入此路口（**見相1、2**），沿路經過「行政長官別墅」（**見相3**）、金錢村何東學校（**見相4**），入到金錢村往右有一涼亭，涼亭旁有兩路，依舊沿金錢路（**見相5**），經過屋苑「御林皇府」外圍（**見相6**），往前便見藍色路牌指示，香港賽馬會（**見相7**），稍後路上左邊有避車處（**見相8**），便到達龍穴「鼇地」（**見相9**）。（**另見地圖1**）

相 1：經過「高爾夫景園」，由此轉入金錢路。

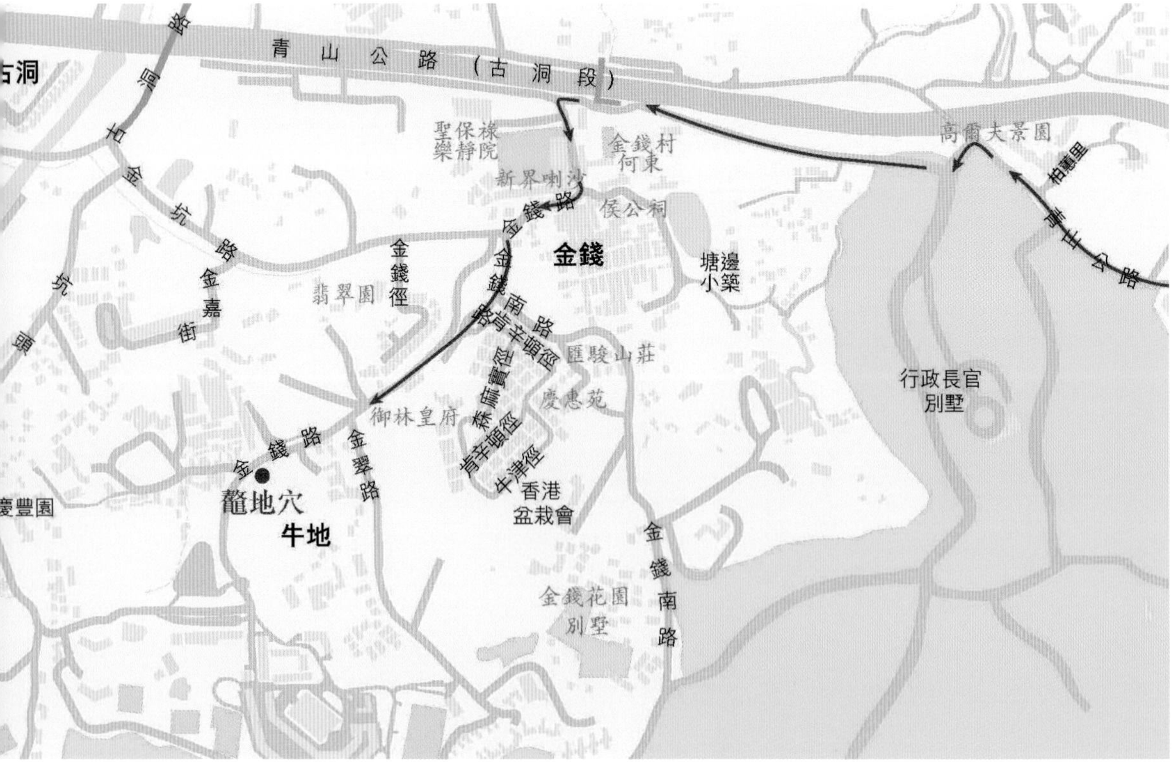


地圖 1：由青山公路入罏地穴之路徑

相 2：金錢路路口

相 3：經過「行政長官別墅」路口

相 4：金錢村何東學校

相 5：涼亭旁金錢路 (50K 綠色小巴下車處)

相 6：「御林皇府」外圍

相 7：經過藍色路牌指示，香港賽馬會。

**• 現場實拍 •**

15.1 鼇地——
馬路上看龍穴

相 8：路上左邊有避車處

相 9：龍穴「鼇地」位於路旁

## 來龍落脈

「鼈地」本山來龍，比較近的源頭，來自唐公嶺向北伸延的一條支脈，穿過粉嶺高爾夫球會的西南端賽道，進入賽馬會會所地帶；當龍脈準備入馬術場之際，以大跌斷方式，穿過馬術場場地（見相10），上龍起一個小山丘，去到「食物教育資源中心」範圍內，龍脈再次以束咽化氣過峽，頓起高大金星（見相11），去到金星頂上，後頭右側位置，忽然向西出一支橫臂伸去左後方，有如鼈魚之泛水魚鰭，這個形式也實在罕見（見相12）。

主龍脈於金星頂上，向北緩緩下坡，去到山下便止脈聚氣於龍穴處（見相13）。

相 10：龍脈以大跌斷方式（見紅色線），穿過馬術場場地，龍脈在遠處欄杆附近，向右上往小山丘。

相 11：「食物教育資源中心」範圍內，兩山中間為過峽位置，龍脈向右頓起大金星。

相 12：大金星頂上，向橫伸出一臂，有如鼈魚之泛水魚鰭。

相 13：「鼇地」龍穴正面，及大金星之父母靠山。

## 喝象「鼇地」

前文已言，「鼇」乃龍頭魚身的動物。龍脈去到父母星辰處，現出龍形者，或者喝為龍者，皆是不用左右護砂保護穴場；因為大金星為其龍頭，穴則結在鼻的位置（注 1）。

注 1：結穴在鼻——以龍穴所靠之金星，大約是上下高度，及左右寬度之中間位置，就有如人臉，鼻在臉的中央，故稱穴在鼻。（見相 14）

• 現場實拍 •

15.2 鼇地——父母星辰之上、橫臂魚鰭。

本來察看金星後面的整個形狀，是否似魚身狹長或略有彎曲（見圖2），以驗證喝象名稱。可惜現在後面之來山種滿密密麻麻的樹木，而且來山附近地方已有業戶使用並有圍牆，實在無法看清楚來山之真面目，故此無從稽考。

但是此穴之觀摩風水價值仍然很高。

圖 2：魚身

相 14：「鼇地」的結穴位，的確是上下左右之中間位置。

# 龍穴略述

## 龍穴及墓主

來到「鼇地」，看到父母靠山甚大，估計面積有千多平方呎（**見相15**），上面造有三墳，中央為廖族宋朝入香港之開基祖廖仲傑及夫人侯氏；並墓兩側為明朝時之長房七世祖樂得公及三房八世祖培岡公的墓地，兩人因資助重修墓地有功，故可葬於廖仲傑之墓旁。（**見相16至18及圖3**）

根據廖氏族人所說，「鼇地」墓主雖然是一世祖仲傑公及夫人，其實仲傑公晚年回到東莞落葉歸根，後來眾子孫為紀念先祖，以其生前所穿衣服，用衣冠塚形式點葬此地，以作慎終追遠。

相 15：「鼇地」近拍

相 16：十八世祖培岡公墓碑

相 17：仲傑公及夫人侯氏墓碑

相 18：七世祖樂得公墓碑

公乃上水鄉開基祖也妣侯氏葬
于土名天罡莆丙山壬向辛巳辛
亥分金之原

**大宋先祖 考仲傑廖公府君**
**妣淑德侯氏孺人 墓**

嘉慶二十年己亥十二月裔孫（下省略）
二十日

圖 3：
仲傑公及夫人侯氏之墓碑刻文，由於部分字跡已變模糊，子孫名字已看不清楚。

## 坐向線度

「鼇地」龍穴形局，基本坐南向北。現場量度碑向，丙山壬向兼午子；坐171度，向上351度。跟碑文描述丙山壬向辛巳辛亥分金之原已不相同。如果按照碑文描述，是坐168度，向上348度。（見相19至21）

相 19

相 20

相 19、20：現場量度碑向，丙山壬向兼午子；
坐 171 度，向上 351 度。

相 21：按照碑文描述丙山壬向辛巳辛亥分金

## 明堂及龍局

「鼇」既是傳説之神物，「鼇地」當然不是浪得虛名。「鼇地」欠缺青龍白虎護穴，或者可能令到部分愛看古墳風水者有些失望。

筆者認為穴上雖無龍虎砂，反而令到龍局氣勢更為廣大，皆因龍虎砂始終有固定界限，當沒有龍虎砂之局限，明堂前面任何無論遠近之砂水，通通都是被「鼇地」收納，這樣一來龍局的福力，實在無可限量！

昔年明堂遠處有重重秀麗山峰羅列，前方本來是一片稻田。現在於龍穴上，眼前所見的明堂，穴下鋪設柏油馬路，馬路旁滿是臨時鐵皮屋，面前及附近一帶樹木茂密，而且樹木高度愈來愈高，漸漸遮擋了很多山巒，令到明堂失色實在不好。今只剩下少量較高的山峰，尚能勉強看到。

穴下馬路左邊旁，設有露天垃圾收集站，因為垃圾站必有穢氣散發，且穢氣會飄散往龍穴。後人容易惹上長期暗疾纏身。這件事情很殺風景，也對於「鼇地」龍穴的風水會有不良影響！須及早改善為妙。（見相22至26）

相 22：左邊馬路之垃圾收集站

相 23：現在穴前明堂正面

相 24：穴前左邊明堂

相 25：穴前右邊明堂

相 26：全景拍攝──穴前明堂

想印證當年明堂之龐大氣勢，只要從穴左小徑，登上「鼇地」大金星頂上，便可看到遼闊龍局全貌。

我們先行用地圖方法說明龍局之形勢，則更加容易理解。**（見地圖 2）**

從高處望出，龍穴向上 351 度，現在取鳳崗山及大石磨兩山中間之橫案為憑。**（見相 27）**

整體龍局由左至右看，左方 90 度之一列山嶺，為麒麟山及其支脈往古洞方向**（見相 28）**，

**• 現場實拍 •**

15.3 鼇地──
穴上所見明堂

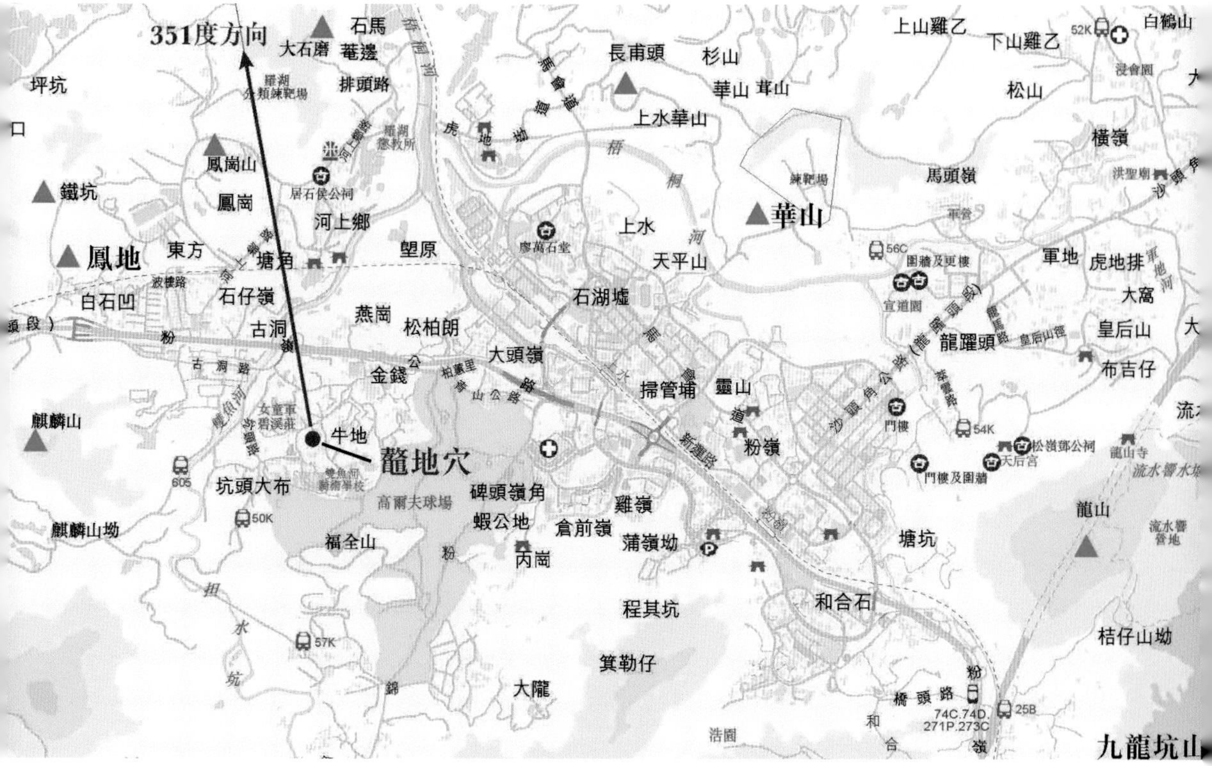


地圖 2：以地圖方法說明龍局形勢

依次則為洲頭鳳地之山丘，略右則為鐵坑、馬草壟一帶之山丘，靠近明堂中央小山為鳳崗山（**見相29**）。

一點鐘方位有個頗高之山為大石磨，其右為羅湖沙嶺、杉山、梧桐山（**見相30**）。

較遠為紅花嶺、上水華山之兩個山嶺。右邊90度為龜頭嶺、黃嶺、龍山及九龍坑山（**見相31、32**）。

以上的山嶺各自羅列於前，有如一列長長屏風保護龍穴，也好似自明堂遠處向着龍穴朝拜。這些都是對龍穴有撥砂之利，帶來錦上添花喜事臨門之美。

相27：拉近拍攝父母星辰頂上看明堂。左為鳳崗山，右較高者為大石磨。

相28：父母星辰頂上左邊90度景觀為麒麟山一列山嶺，落脈往古洞方向。

相 29：明堂左方 45 度景觀。由左至右依次為麒麟山支脈、洲頭鳳地之山丘、鐵坑、馬草壟、鳳崗山。

相 30：明堂右方 45 度景觀。由左至右依次為大石磨、羅湖沙嶺、杉山、梧桐山。

相 31：父母星辰頂上右邊 90 度景觀。較遠為紅花嶺、上水華山之兩個山嶺、龜頭嶺、黃嶺、龍山及九龍坑山（被公共屋邨遮擋了一部分）。

相 32：父母星辰上拍攝明堂全景

## 龍穴點評

現在「鼇地」中間主墓碑的氣色勉強還可以，左右兩個墓碑的氣色則是很一般，算不上明亮清新。原因關乎點穴是否百分百正確。

「鼇地」點穴難度在於有好幾個原因：

（一）平常龍穴，每每有青龍白虎兩砂，尋常風水先生倚賴龍虎兩砂，去印證天心十道，以確定穴位中心點。現在此穴無龍虎砂！

• 現場實拍 •

15.4 鼇地——父母星辰上所見遠明堂

（二）父母星辰面積太大。至少有一千方呎以上。

（三）龍穴的面積太小，不足八呎丁方。

（四）此穴有微茫化生腦分開流水，但是下無合水。如果下有合水，則此穴較容易點出。

因為以上緣故，真正穴位，正中一句古語：「穴在微茫難上難！」。「鼇地」上面三墓，大約只是十分得七成績論之，就算中間的仲傑公夫婦墓，也偏離正中穴位，誠為可惜。

穴葬不正之旁證：

（一）人丁單薄：用廖氏上水鄉歷史（http://www.lmstong.hk/），去印證有云：

「是時我族子孫散居上水週邊，至七世祖南沙公，因精通堪輿之術，倡言必須聚族而居方可子孫昌盛。及後南沙公與侄君瀛（潤宇祖）商議共覓村址，旋於群山環抱之間覓得龍脈，選定龍口地形如鳳之處合建上水圍，即現今圍內村，並於明末六十年前完成。」

但凡龍真穴的之地，只要葬在龍穴正位，一般經過三四代以後，子孫逐漸開枝散葉，人丁興旺起來。但是「鼇地」初葬之時，子孫人丁仍然單薄，此事亦可作為參考。

（二）近年重修兩次，墓碑仍然氣色未佳。

於山下面向穴場，左邊小路上豎立兩塊白色石碑，是記錄兩次子孫出資重修的：

- 公元一九六五年九月廿日，歲次乙巳八月廿五日吉旦重修
- 公元一九八九年八月三日，歲次己巳七月初二日吉旦重修

反觀廖氏另一「科甲功名」穴（詳見《香港．尋龍點穴錄》第7章），於一九八七年重修迄今，墓碑仍然光潔明亮，氣色清新。兩穴一得一失，高下立見。

幸好仲傑公以後，其他子孫所葬名穴為數不少；加上興建上水圍於吉地之上，這個「鼇地」偏差之影響，已經變成不太重要。

# 第16章 真武踏龜蛇

「真武踏龜蛇」這個喝象名稱，光是名字已經非常吸引。近二十多年迴來，原來已經有不少風水愛好者曾經拜訪此地。

讀者千萬別因為聽到甚麼「喝象」，就以為必定是真龍大地，很多時候事實與名稱並不一定對等，風水學子往往被優美風景，搞到眼花繚亂，卻忽略了很多重要細節，因而誤信假地當龍穴，結果學了錯誤的示範，令到自己尋龍點穴的功夫，混雜了很多不該有的錯處，造成影響深遠的禍患，這是十分可惜的事情。

## 前往交通

此地位於上水華山，前往之交通方法，請參閱拙作《香港・尋龍點穴錄》內之「科甲功名」穴一文，是完全同一路徑的。只要去到一個佔地甚廣之明朝簡姓白色大墳，「真武踏龜蛇」就在簡姓墳地之右後方山上。（見相1）

相 1：近處為明朝簡姓白色大墳，「真武踏龜蛇」在右後方山上。

# 喝象「真武踏龜蛇」

**「真武」**：此墓地坐落華山主峰之下，此墓地昔日完山之時，主庚地師曾邀請一位在風水行業上，名氣甚響之名師朋友到本穴來參觀，名師曰：「父母靠山形勢高大，有如威武之神君臨大地，形肖真武大帝云云。」（見相 2）

**「龜蛇」**：墓地右側一支白虎砂，從父母靠山一路起伏落下，形態有如蛇行蜿蜒，這支白虎就是靈蛇所在（見相 3）。左邊前方，見一天馬砂，其形亦似靈龜。（見相 4）

由於靈龜及靈蛇，俱在父母星辰之山下左右兩邊分佈，山上則形似武帝端坐，故稱「真武踏龜蛇」。

相 2：靠山形勢高大，有如威武之神君臨大地，形肖真武大帝。

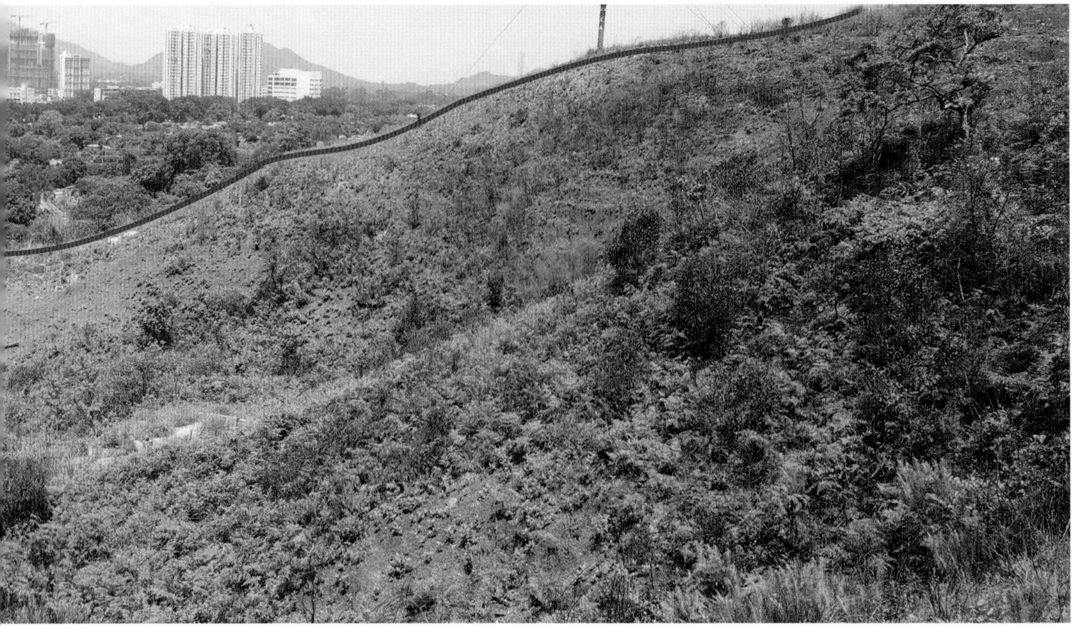

相 3：「靈蛇」全景拍攝。可見右邊蛇形白虎砂。（見紅線）

相 4：在「靈龜」外方左側所見之兩個相連小丘

# 龍穴略述

## 墓穴及明堂

此墓穴造葬於一九五七丁酉年農曆十一月，距今二〇一九年已有六十二年歷史。

墓穴來脈自華山嶺上，於主峰一半位置，忽然閃出一脈，然後頓起一個小金星，「真武踏龜蛇」就被點葬在小金星十多呎之下。**（見相5、6）**

來到墓前，目下所見風景的確漂亮，亦因為明堂前面，既有龜又有蛇，也是這些緣故，此墓穴吸引不少風水學子慕名而來。**（見相7至10）**

相 5：華山主峰下半位置，忽然閃出一脈，墓地則點在小金星下。（紅圈乃墓地）

相 6：墓穴及小金星全景

相 7：穴前明堂景觀

相 8：穴上左前方景觀

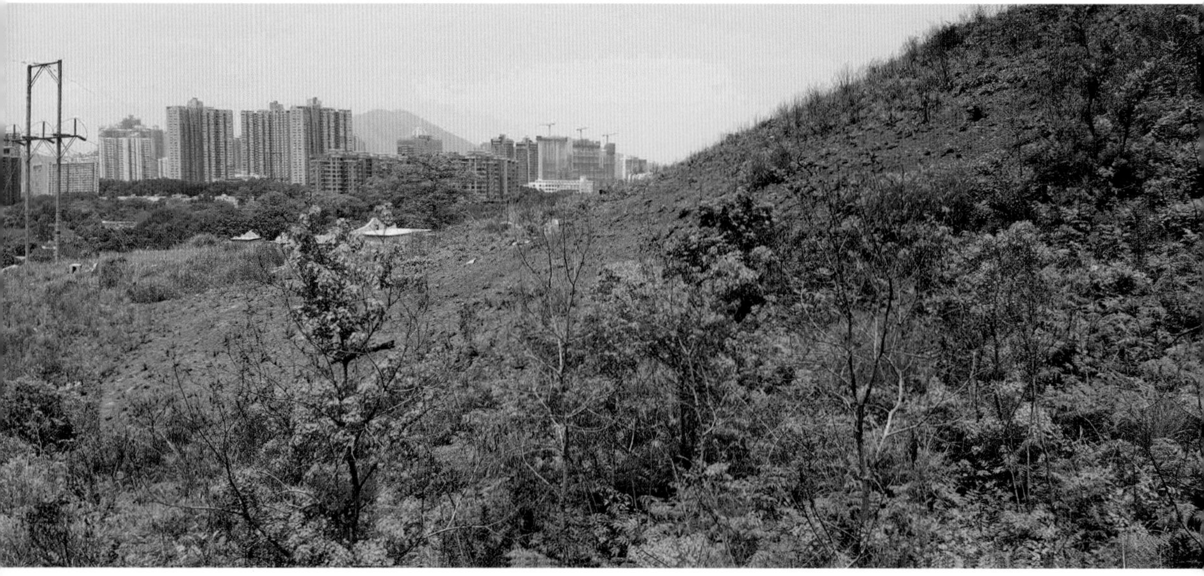
相 10：明堂全景

相 9：穴上右前方景觀

## 龍穴點評

這個墓穴其實存在很多問題，值得好好深思：

（一）**化氣不真**：如果走到旁邊高地觀察墓穴所在的龍脈，就發現這條龍脈，除了稍為頓起小金星，然後便一路直瀉下山，而且半途沒有出現平鋪。現在穴上平鋪，一半是人工開鑿，另一半以堆土方法湊合而成。（見相11）

• 現場實拍 •

16.1 真武踏龜蛇——側面拍攝金星落脈

相 11：側面看龍脈經過小金星後，龍脈便直瀉往下。

（二）**明堂傾瀉**：站在穴前子孫堂，只見到下面突然急跌有十呎之深，雖然子孫堂下面四五呎尚有一級，其形勢卻是正式犯上明堂傾瀉。（**見相12**）

相 12：此相片很明顯看到子孫堂下面山勢急跌，犯正明堂傾瀉之忌。

（三）**兩水合襟**：無論從側面，或者從穴上，都會發現穴旁左右兩邊的界水，在穴前可以看得到。皆因從點穴技術而言，穴上絕不可以望見兩水會合，這是一個非常嚴重的錯誤。明朝地師李默齋先生，於《闢徑集》有言：「兩水合襟犯冷退」。（見相13、14）

（四）**望穿水口**：除此以外，穴上還可以見到兩水匯合之後，背着墓穴往前方遠處一直流走，這形勢會把墓穴的吉氣帶走，此種情況又名「元辰長直」、或名「牽車水」，皆非吉象。（**見相13、14**）

相 13：側面觀看墓穴下兩水合襟，及元辰長直。

相 14：穴上正面看兩水合襟，及元辰長直。

**（五）父母靠山情不向我**（注1）：踏足墓地抬頭望向父母靠山，初看好像沒有甚麼不妥（**見相15**）。細心再看就會發覺父母靠山所開出之平面，並非向着墓地，而是向着墓地之左側方向（**見相16**）。本來一般情況不該如此，相信因為主庚地師，貪求白虎砂上的扁圓土丘作案山，刻意把墓地硬生生地扭轉向右造葬，只是沒有想到為一利而產生一敝端（**見相17**）。

注1：父母靠山情不向我，於風水而言，令子孫後人無論在學業、事業、業務各方面，難以得到老師栽培；老闆、貴人不垂青，不給予機會去嘗試發揮，於人生路途舉步維艱。偶然運程稍好，能夠賺取或累積一筆金錢，也總有些緣故，令到積蓄消耗。

相15：望向父母靠山似乎沒有甚麼不妥

相 16：父母靠山開出平面，並非向着墓地，而是向着墓地之左側方向。
(圓圈是平面範圍)

相 17：墓地扭轉向右造葬，刻意以白虎砂上扁圓土丘作案山。

**（六）水淋頭、牆身爆裂、氣色欠佳**：現在去到墓地之上，見到墓碑頂上之牆身，出現數條黃黑相間顏色的直紋，這是因為點葬位置有誤，遇着下雨天，墓穴上面的雨水，由穴頂洶湧向下直流，即使雨停後，因為濕氣積聚很難散去，令到牆身惹到霉菌因此出現黑色。**（見相18）**

相 18：紅圈所示為淋頭水的痕跡。及多處牆身出現裂縫。

石碑兩邊的牆身，到處出現爆裂現象。墓碑氣色呈現灰暗無光（**見相19**）。二十年以前筆者來到此墓地，見到曾經出現一道橫裂紋，把舊墓碑上下一分為二！

由於以上種種嚴重錯誤，故此這個金星山頭，以及現在造葬的墓地，等同於一般普通墳場地方，絕對不是一個龍穴地！

可惜坊間一直以訛傳訛，普遍誤會它是一個龍穴，學子不慎作為觀摩實例，恐怕變成學壞師矣！

## （七）

此墓始葬於一九五七丁酉年，距今已逾六十年有多，既然不利條件眾多，為何仍然留下沒有遷走？這個衝激思考及巒頭功夫的問題，留待讀者去細味吧！

相 19：墓碑毫無吉色光采

**• 現場實拍 •**

16.2 真武踏龜蛇——穴上拍攝

# 第17章 金龜騎龍穴

關於騎龍穴的理論，古書《龍經》有云：

三十六座騎龍穴，不是神仙不敢別。水分八字兩邊流，且是穴前傾又跌。
無龍無虎無明堂，水去迢迢數里長，玄武端雄氣連進，庸師豈敢妄評章。
真龍氣勇難歇住，結著穴了氣還去，就身作起案端嚴，四正八方皆會聚。
外陽不問有和無，只看藩垣與挾扶。左右龍護並護水，回環交鎖正龍居。
或在龜肩或牛背，或作鶴嘴蜘蛛肚，鳳凰銜印龍吐珠，天馬昂首蛇過路。
本案不拘尖與圓，或橫或直正無偏，但尋真氣歸何地，看取天心十道全。
或在高峰半山上，或在平洋或溪畔，或然山繞萬千里，或然水繞萬千丈。
神仙略與說規模，自可一湖通百湖。巧目神機扦正穴，何須逐一看砂圖。
若人下得騎龍穴，世代榮昌產英傑。

風水尋龍點穴，坊間論龍法中，以騎龍穴最為難學，基本有三種：「順騎龍」、「側騎龍」、「倒騎龍」穴。過去騎龍穴被古籍讚美甚高：「若人下得騎龍穴，世代榮昌產英傑」。筆者眼中，只要是龍真穴的，福主往後世代，自然有機會蔭出人材。今次文章就以騎龍穴作主題，而且此穴的確不同凡響，並有事實根據，可為風水學理之佐證。

## 前往交通

- **公共巴士：**

51號，由荃灣西鐵站來回上村（近錦上路口）。去到下花山村站下車，附近有一往下斜之小路口，見一殘舊路牌「下花山南」，路口設有信箱及明顯的「下花山」指示牌。**（見相1至4）**

沿着斜路入山，路旁沿路有引水道，步行數分鐘後見右側有分支小徑，及有路牌「下花山鵝地」，過石板橋，靠左邊之小徑前進，去到一分岔路仍舊靠左行，前行繼續上山，小徑左側有石級樓梯，登上石級便到達龍穴所在地。**（見相5至12）**

由「下花山南」路口步行至「鵝地」路牌，約十分鐘，「鵝地」至穴場約兩分鐘即達。

- **綠色專線小巴：**

80號，來回荃灣川龍街兆和街與川龍村。登車後，告知司機於「下花山村」下車，開始入山。

相 1：51 號巴士，下花山村站。

相 2：路口

相 3：殘舊路牌「下花山南」

相 4：信箱及「下花山」指示

相 5：沿着斜路往下入山

相 6：路旁引水道

相 7：路牌「下花山 (鵝地)」

相 8：過右側石板橋，過橋後靠左小徑前行。

相 9：沿小徑上斜前行

相 10：去到分岔路靠左行

相 11：左側石級樓梯

相 12：登上石級便到龍穴

# 騎龍穴的解釋

騎龍穴不是一個喝象名稱，騎龍穴是各種尋龍點穴方法其中一種結穴形態。引述上文：「真龍氣勇難歇住，結著穴了氣還去，就身作起案端嚴」。意思指來龍氣勢鼎盛，去到結穴之處以後，龍脈沒有因此收止，仍然繼續行進，在前方不遠處稍為頓起龍身，作為前案。

一般龍穴，都是去到結穴之處不久，龍脈便已完全收止，龍氣只會停蓄於龍穴之上，因為穴前已被左方或右方之界水切斷，古訣有謂：「龍行界水即止」就是這個情況。拙作《香港‧尋龍點穴錄》共介紹十五個龍穴，只有「仰掌穴」屬於騎龍斬關，其餘都是龍脈越過龍穴之後，便已止氣的普通形式。

換句話說騎龍穴之穴位，是點在龍背之上，而穴前的龍身，並沒有突然橫來一支界水把龍脈切斷，龍身依舊向前邁進，這就是騎龍穴結穴特色，跟一般龍穴是完全不一樣。

**至於這個騎龍點穴，平地之上唯有一個高度約五六呎的小圓金星，是騎龍穴口訣其中一種——「龜背騎龍」。這個小圓金星，真的很像龜背形狀（見相13），尤其從側面去看，更為神似（見相14）。**

如果要給一個正式喝象名稱，愚見認為採用「金龜騎龍」則比較貼切及來得文雅一些。

相 13：從側面去看小圓金星，紅色線所示，很像龜背形狀。

相 14：側面拍攝全景，小金星似龜狀，伏在平鋪之上。

## 來龍落脈

騎龍穴平鋪後面的西北方，見到三個山峰並排在後頭，是「三台落脈」形態（注1），三個山峰高度以右邊那個最高，左右俱有電塔。由右邊山峰向東南方向降勢，下落一個金星並向左右兩邊開展大帳。（見相15、16）

當龍脈去到接近穴場之前，向巽方撒脈，見有一家於此斜坡下造有一墳（見相17），龍脈於泥路小徑旁最低位置過峽（見相18），現在過峽最低處頗多密林覆蓋（見相19），龍脈穿過密林向上坡爬升約十多呎高（見相20），越過由福主所設「李山來龍之神」碑（見相21、22）。然後頓起龜背金星，再於金星頂下面結出龍穴（見相23）。龍脈並由龜背金星向前展開一片大平鋪，面積儼如一個小型足球場（見相24）。

為求令大家看得更明白，亦有來龍落脈圖以供參考（見圖1）。

注1：龍穴來脈之父母靠山之嶺上，同時見有三個山峰，就叫做「三台落脈」。

相 15：穴上見金星祖山來龍，下面出三個較小金星，是為「三台落脈」，第三金星中間拖脈出，並向左右開帳 (紅線所示)。

相 16：拉近拍攝祖山及第三個金星

相 17：來龍由此山坡撒下(有墳葬於此位置)

相 18：龍脈漸漸低下

相 19：路靠左樹林中為過峽最低最狹窄位置

相 20：水泥路左側，土丘為部分之龜背金星。(見紅線)

相 21：龍脈上爬，經過「李山來龍之神」石碑。

相 22：在「來龍之神」拍攝龍脈衝向龜背金星之上

相 23：龜背金星下面，結出「金龜騎龍」穴。

相 24：龍穴面前之大片平鋪

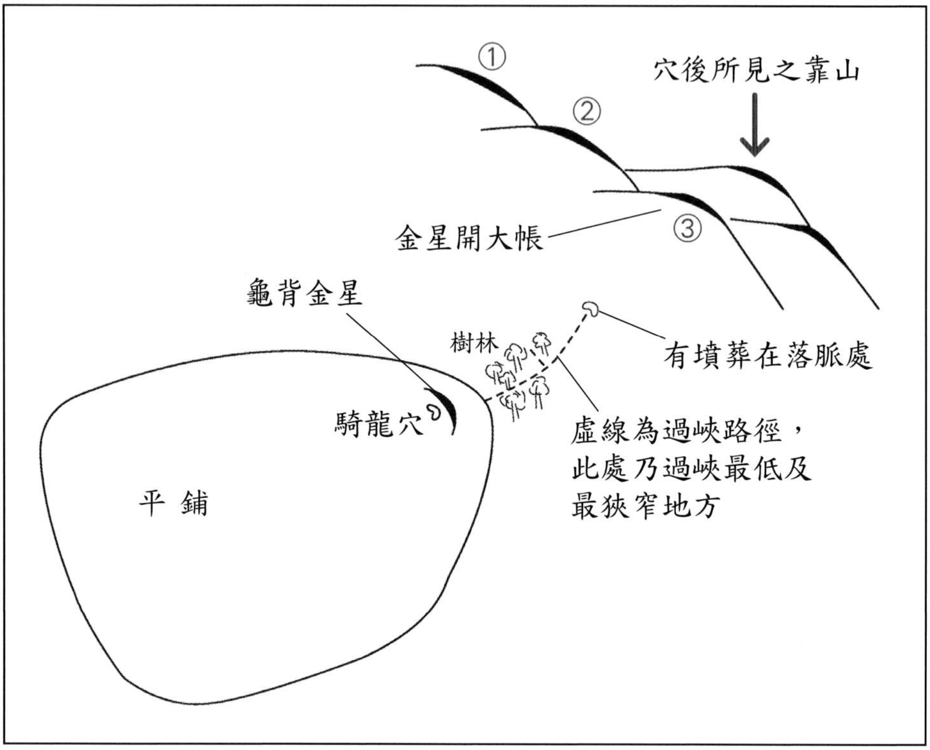


圖 1：下花山「騎龍穴」來龍落脈圖

**• 現場實拍 •**

17.1 金龜騎龍穴——
來龍入穴
過峽位置

17.2 金龜騎龍穴——
穴上看平鋪
及上龍位置

# 龍穴略述

## 墓主及龍穴

下花山「騎龍穴」墓主，是新會七堡鄉涌瀝里李氏，二十一世李公錦裳（一八六二年至一九二二年）及其夫人梁糖，並附葬二十二世兆南公及夫人陳彩琴（**見相25、26及圖2**）。

相25：「金龜騎龍」穴之正面照片

相 26：墓碑照片

一九五九年己亥夏月立　二零零五年重修

字象燦

皇清顯考廿一世李公錦裳
　　妣廿一世李母梁糖之墓

附念廿二世李公兆南字根賢
　　　　世李母陳彩琴

錦裳堂
李南慶堂子孫敬立

新會七堡鄉涌瀝里

圖 2：碑文原文

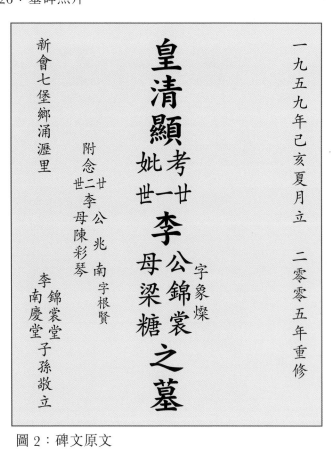

## 坐向線度

龍穴現在所立線度，當日負責點穴定針的堪輿地師，採用坐乾向巽，坐山316度，向上136度。是偏向明堂平鋪俟右取方向，而非取平鋪中央定方向。這個坐向是很多風水學人未必認同，但是經過覆核，它是絕對合乎天然方向，一度也不偏差，這位主庚堪輿地師，絕對是風水之高手無疑。（見相27、28）

相 27：量度墓碑

相 28：坐山 316 度，向上 136 度。

## 明堂及龍局

「金龜騎龍」穴的龍局，是高山之上，眾山圍繞的山窩之中，在裏面開出平地。此穴前面平鋪面積很大，氣勢已經不簡單（**見相29、30**）。加上龍穴四周，被很多山峰重重映照，亦令到龍穴隨着歲月愈加生發，實在不可多得！

相 29：龍穴及平鋪

相 30：全景拍攝龍穴及平鋪

龍穴的後頭，枕靠祖山，方位是323度，即是羅庚上地盤之「乾」山（**見相31**）。山勢去到龜背金星後，再由龜背金星左旁伸延順延而出，開展整個平鋪。（**見相29、30**）

穴上左邊肩膊遠處，是大帽山山巒位於44度「艮」山。（**見相32**）

穴的右邊肩膊較後，亦見一個不知名山峰，位置在251度「庚」山（**見相33**）。這個山峰再向前方再連接一個金字塔形山峰於194度「丁」山（**見相34**）。這樣子背靠、右側、左側，三面都有秀麗高山環繞，令到龍穴處於藏風聚氣的大好形勢。（**見圖3**）

相31：穴後仍可隱約見到背靠乾方之祖山（見紅線）

**• 現場實拍 •**

17.3 金龜騎龍穴——穴後祖山山峰、左肩大帽山、明堂前方

相 32：「金龜騎龍」穴上左側肩膊為大帽山，穴上用羅盤量度大帽山峰位於 44 度「艮」山。（從穴上看因為太多樹葉遮蔽，故只好平鋪上拍攝。）

相 33：穴的右邊肩膊較後，羅盤 251 度不知名山峰「庚」山。（穴上要十分仔細才看到，亦只好在平鋪上拍攝。）

相 34：穴上右邊前方金字塔形山峰，羅盤 194 度「丁」山。

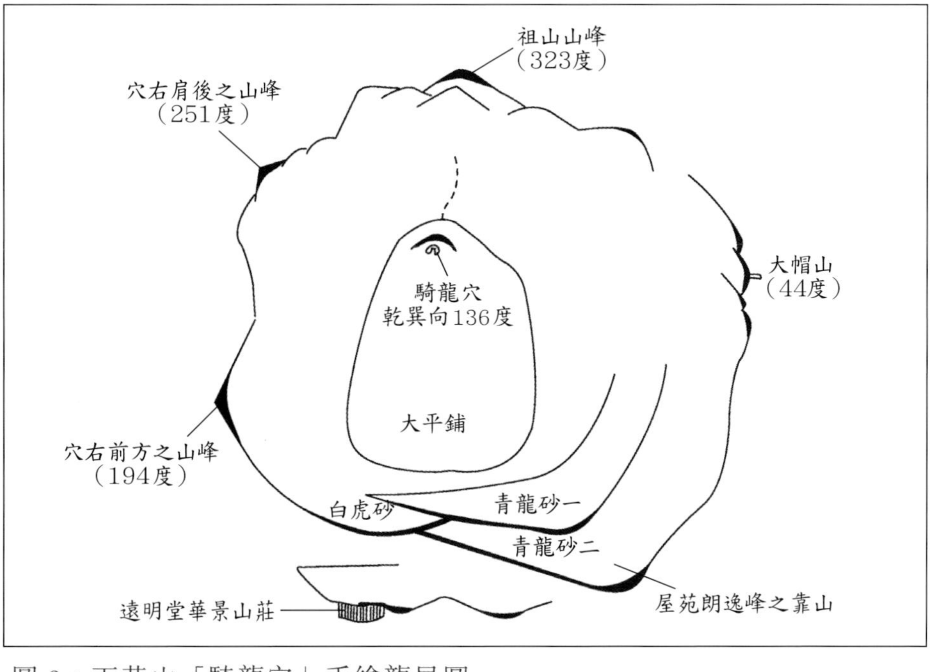


圖 3：下花山「騎龍穴」手繪龍局圖

上述映照龍穴之山峰，是穴上的吉利砂峰，其意義有三個：

- 一代表福主家內人材輩出並可獲榮譽機緣
- 二代表福主事業發展路上，得到能幹人材來輔助。
- 三代表福主經常得到貴人襄助之力

龍穴前面明堂，平鋪近處再無高山阻擋，前方十分開揚，整個平鋪週圍都長滿樹木，缺點是沒有辦法看清楚龍局之上三面環繞的山峰。**（見相35、36）**

現在龍穴所立之方向，在天氣良好的日子，可以看到數里之外遠處華景山莊所坐落的山嶺，作為龍穴相應之案山。**（見相37、38）**

相 35：穴上面前明堂所見平鋪景觀，前方週圍都長滿樹木。相中靠右樹林凹處，就是龍穴坐向線度向外穿透位置。

相 36：全景拍攝平鋪景觀

相 37：相中靠右方之樹林低凹處，可以看到數里之外遠處華景山莊坐落的山嶺。它是相應龍穴之案山。

相 38：拉近拍攝華景山莊之山嶺清晰可見

• 現場實拍 •

17.4 金龜騎龍穴——
平鋪遠處
環迴拍攝龍穴

## 平鋪外砂關鎖

在平鋪後面之上看龍局還有未盡之處，穿過樹林，原來龍脈由此處緩緩落下。站在龍脈上，見到遠處案山全部景觀盡收眼底。

主龍脈之下，更加見到龍虎砂互相關鎖，加強龍穴的福力。（**見相39**）

左邊近處有一支龍脈，乃源自落脈祖山向右橫伸緊貼平鋪而來，到達平鋪盡頭，頓起大金星再順勢拐彎延入山下，橫越明堂中央而止。這是近身之青龍砂。（**見相40**）

左邊較遠見住宅屋苑朗逸峰所在之山脈，亦隨近身之青龍砂，從外面伸展龍脈，橫越穿過明堂中央方收止，這是外青龍砂。

相 39：遠明堂前方景觀，可以見到左邊內外兩支青龍砂，及右邊白虎砂。

右側金字塔形山峰，從肩膊斜下一白虎砂，落到明堂中央，與青龍砂形成互相交錯而過。（見相41、42）

這樣數重的青龍砂及白虎砂，互相緊貼交匯，使到龍局上所有的界水（雖然龍穴上是看不見界水），匯聚之後必須以「之」字形流去才能消失於明堂遠處。這是風水學理上，吉利的流水形態。

**又如果見到流水背着穴上或明堂，以一條直線向外面流走，這種流水會把龍穴的吉氣洩漏帶走，是犯了「元辰長直」的形煞。**

相 40：遠明堂左邊 45 度方向。相中大金星自祖山伸延過來，再拐彎入明堂成近身青龍砂。相右之屋苑，亦有龍脈，從外彎入明堂成外青龍砂。

**• 現場實拍 •**

17.5 金龜騎龍穴——平鋪外拍攝遠明堂及山下龍虎砂關鎖

相 41：遠明堂右邊 45 度方向。相中之白虎砂，自金字塔形山峰伸延落下。

相 42：遠明堂全景

## 葬得龍穴後福主家族事業發展

此墓福主李公錦裳，是「李錦記」第一代創辦人，李兆南則是其兒子，亦是家族事業第二代掌舵人。

此穴於一九五九己亥年立石定針。驗證「金龜騎龍」穴風水效應之前，我們先看看「李錦記」家族歷史經過：

早於一九三二年李兆南決定將「李錦記」的公司總部，由澳門遷往香港。

一九六七丁未年香港發生暴動，時李錦裳已故，其長子兆榮、二子兆登向三弟李兆南提出分家，並打算移民。李兆南年事已高亦屆退休，遂支持兒子李文達（一九二九年出生），收購兩房股權。一九七二年兩房正式退出，李文達成為第三代掌舵人。

這日子之前，「李錦記」只憑藉蠔油和蝦醬兩種產品營業。李文達接掌公司後，大力發展醬油及煮食醬料等項目，使到公司生意更多元化，並發展超市銷貨擴大銷售。

李文達透露於一九七二年公司內員工只有數人，時至二〇一七年，光是香港一地之員工人數已逾千，國內廠房員工人數達一萬二千七百名之鉅！

去到一九八六丙寅年，李文達及弟李文樂，因為大埔建設新廠發生分歧，最後兄弟拆夥分家，李文達舉債買下弟弟股權，一九八八年大埔廠房落成，仍欠數千萬元建築費未能即時付清予建築公司。

經歷分家的動盪，並無損及「李錦記」公司生意前途，其後又有新機遇：

- 一九九二年，「李錦記」和第一軍醫大學（現時的南方醫科大學）合作，推出中草藥保健品，初時稱為「南方李錦記」，近來改稱為「無限極」。
- 二〇一〇年七月「李錦記」以四十三億四千七百五十萬元向麥格理購入維德廣場，並在二〇一〇年十二月十七日改名為無限極廣場。
- 二〇一〇年，李文達先生獲頒銅紫荊勳章。
- 二〇一三年福布斯公布香港富豪榜，李文達榜上有名，淨資產達十一億美元（約八十五億港元）。
- 二〇一六年二月十六日，「李錦記」向余錦基家族出價十五億八千萬港元，平均呎價三萬五千零三十三元，創下當時全港商廈次高紀錄。買入中環德輔道中四十五至四十八號軟庫中心全幢，以及毗鄰的砵甸乍街四號全幢六層高舊樓。
- 二〇一七年七月，「李錦記」以十二億八千二百五十萬英鎊，約一百二十八億港元購入倫敦地標商廈，芬喬奇街二十號。該商廈因外形特徵而獲得「對講機」外號。這項收購創下英國最大單一商業辦公樓物業交易紀錄。

- 二〇一九年二月十五日，報章報導福布斯公佈二〇一九年香港富豪榜，李錦記集團主席升至第三位。

## 結語

（一）自從一九五九己亥年，「金龜騎龍」穴立石定針之後，龍穴風水福蔭子孫，人人本來平等，奈何種種原因，也有人主動要求分家而去，以至未能分享今日成果。

（二）龍穴葬後初時的十三年，家族事業似乎未有甚麼出色增長，一九七二壬子年後則逐漸大放異采。由此驗證江湖風水之吹噓「寅年下葬卯年即發達」，此話極度虛偽之處。俗語謂：「十年樹木百年樹人」，一個家族事業之奮鬥，不是只着眼於一宗半宗的買賣，而是一個數十年的長遠計劃。剎那間的暴發，後面隨時跟着得到暴敗，也是老生常談的不易道理。

（三）家族內有龍穴庇蔭，也要子孫後人以品德承接福蔭，「李錦記」家族常以

「思利及人」和「飲水思源」為訓示，這是很好的示範。風水龍穴跟品德做人是絕對有着緊密不可分割的關係。據悉，李氏家法明文規定子孫不可離婚、不可搞婚外情，否則會被逐出家族委員會及摘去所有職位。由此可見，「李錦記」家教門風嚴謹，與龍穴風水互為相應，能有今日成就，可證「風水福蔭，亦必有行善積德，方成大器」此道理的確真實不虛。

## 龍穴點評

初登此穴勘察之時，見到龍、穴、砂、向、水，五大條件之美皆是一絕，但是墓碑之上，卻現出薄薄一重陰氣，這對於墓穴之內四位亡者，是一個不好的徵兆。

「李錦記」家族事業，當初是以蠔油起家，此亦墓碑現出陰氣的關鍵所在！

根據佛經《地藏菩薩本願經》之「閻浮眾生業感品第四」內文說，有位光目女，母親死後她擔心其母必生惡趣。後來遇上一位羅漢，於是向他查問母親死後的下落，以下節錄一段經文：

復於過去無量阿僧祇劫，有佛出世，名清淨蓮華目如來，其佛壽命四十劫。像法之中，有一羅漢，福度眾生。因次教化，遇一女人，字曰光目，設食供養。

羅漢問之：欲願何等？

光目答曰：我以母亡之日，資福救拔，未知我母生處何趣？

羅漢愍之，為入定觀，見光目女母墮在惡趣，受極大苦。羅漢問光目言：汝母在生，作何行業？今在惡趣，受極大苦。

光目答言：我母所習，唯好食噉魚鱉之屬。所食魚鱉，多食其子，或炒或煮，恣情食噉，計其命數，千萬復倍。尊者慈愍，如何哀救？

羅漢愍之，為作方便，勸光目言：汝可志誠念清淨蓮華目如來，兼塑畫形像，存亡獲報。

光目聞已，即捨所愛，尋畫佛像而供養之，復恭敬心，悲泣瞻禮。忽於夜後，夢見佛身金色晃耀，如須彌山，放大光明。而告光目：汝母不久當生汝家，纔覺飢寒，即當言說。

其後家內婢生一子，未滿三日，而乃言說。稽首悲泣，告於光目：生死業緣，果報自受，吾是汝母，久處暗冥。自別汝來，累墮大地獄。蒙汝福力，方得受生。為下賤人，又復短命。壽年十三，更落惡道。汝有何計，令吾脫免？

光目聞說，知母無疑，哽咽悲啼而白婢子：既是我母，合知本罪，作何行業，墮於惡道。

婢子答言：以殺害毀罵二業受報。若非蒙福，救拔吾難，以是業故，未合解脫。

光目問言：地獄罪報，其事云何？

婢子答言：罪苦之事，不忍稱說，百千歲中，卒白難竟。

經文當中所指出「唯好食噉魚鱉之屬。所食魚鱉，多食其子，或炒或煮，恣情食噉，計其命數，千萬復倍。」這是數量非常龐大的殺業，禍害亦很深遠，但是普羅大眾昧於佛法道理及因果，以為殺動物、吃動物物乃等閒事情。

同樣地，製作一支蠔油，並非三兩隻生蠔之數可以應付得了，長年累月計算下來，這個殺業的因果，始終牽涉到亡者身上，令亡者死後仍然受到苦困未得解脫超昇。若無佛法化解，即使亡者得到超昇，佛經亦有云：也因殺業太重，多生多世要受短命之苦報！

唯有寄望福主家人，早日拜訪佛門高僧大德，為亡者舉行功德法事以消解殺生重業，一來亡者獲福，二來家中各人健康亦得到正面的益處，則冥陽兩利矣！

# 第18章 浮雲湧日

由於香港開埠以來人口不斷上升，市民對房屋需求甚為殷切。現在的新界區域鄉郊地方漸漸消失，代之而起是一幢幢的高樓大廈。

有一個經歷了數百年的龍穴，坐落於新界的新市鎮之內，正是因為郊外變都市的緣故，它的四周已被住宅屋苑包圍了，令到現在登穴觀摩風水的人士，再沒有辦法得知其本來面貌，更遑論瞭解這個龍穴的精華所在。

這個龍穴就是位於屯門市區之內的「浮雲湧日」。

## 前往交通

「浮雲湧日」正確地點，是青松觀路與震寰路交界處，附近有大興體育館及賽馬會仁愛堂游泳池。於交界處有一個小路口，就是上山之路，不用一分鐘便可直達龍穴。**（見地圖1及相1、2）**

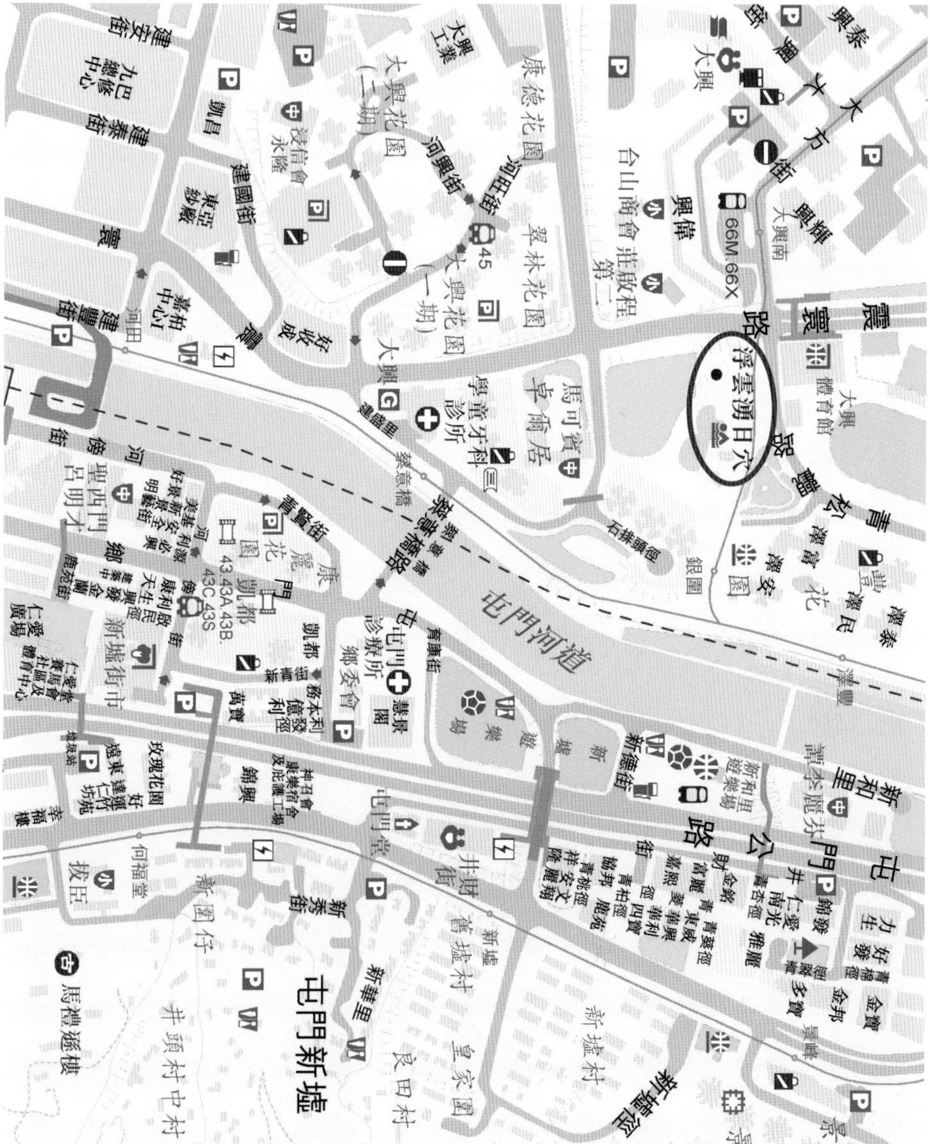


地圖 1：地圖顯示龍穴位置

相 1：青松觀路與震寰路交界，上山路口對面大興體育館。

相 2：到達龍穴

## 喝象「浮雲湧日」

龍脈落到平地之上，最後頓起結穴金星，此山丘呈半圓形，似地平線上初昇的太陽，故曰「湧日」（見相3、4）。

早於一九八八年以前未建澤豐花園，前方視野未被阻擋，龍穴所面對的遠山，該為屯門藍地以東約二百八十米高之山嶺，此山嶺如拉開一大片之雲幕，故曰「浮雲」（見相5）。兩者互相配合在一起，故名「浮雲湧日」。

相 3：「石排頭路」卓爾居旁邊拍攝結穴金星背後，其形如初昇旭日。

相 4：大興體育館外拍攝金星正面

相 5：高山上拍攝，龍穴位置及所面對之「浮雲」山嶺 (見紅圈)。

## 來龍落脈

大龍源自屯門青山（見相6），於山嶺附近一個約五百四十米高山峰上，開始向東北發脈，連拋三個金星（見相7），去到良田村墓園（注1）之上，經過墓園平地然後束咽過峽，頓起菠蘿山，龍脈由此分支向東，穿過山景邨景美樓及景業樓（見相8、9），橫過鳴琴路入屯門工業區（見相10），再經過大興花園及翠林花園，再一次轉勢往東北，越過馬路直奔娥眉月形金星，金星之下結出「浮雲湧日」龍穴（見相11）。

注1：良田村墓園龍脈甚為優美，山上多是何氏一族原居民，亦蔭出議員、屯門鄉事委員會主席，其中何新榮是非牟利慈善團體仁愛堂（原為屯門青山鄉的宗族善堂）其中一名創辦人。

山上龍脈已經如此厲害，山下所結出龍穴更加非同凡響！

相6：屯門青山

相 7：龍脈大約由 (位置 1) 之山峰落下，拋出金星②及金星③，去到金星④位置。

**• 現場實拍 •**

18.1 浮雲湧日——
大龍落脈到金星④、
良田村墓園、菠蘿山

相 8：良田村墓園上拍攝來龍落脈之金星④

相 9：從金星④下望，龍脈落到下面平地後過峽，頓起菠蘿山，再往下經過景美樓及景業樓。

相 10：龍脈從右邊景美樓及景業樓，越過鳴琴路入左邊工業區。

相 11：龍脈過大興花園及翠林花園，越過馬路直往結穴金星。

# 龍穴略述

## 墓主及龍穴

「浮雲湧日」墓主乃鄧氏洪贄公及三位夫人，一同合葬於此（見相12）。洪贄公是明朝初洪武年間出生，乃新界錦田「歲院郡馬」一脈之「仍孫」（注2），即第七代孫的意思。墓地採用三環式建造，墓門外左右各豎一圓柱作裝飾。（見相13）

注2：「仍孫」是祖宗十八代其中一個排序的稱呼，當中分上九代，及下九代的宗族成員，統稱祖宗十八代。
上九代：父、祖父、曾祖、高祖、天祖、烈祖、太祖、遠祖、鼻祖。
下九代：子、孫、曾孫、玄孫、來孫、晜孫、仍孫、雲孫、耳孫。

相 12：龍穴

相 13：龍穴全景

相 14：墓碑

公諱洪贄號白馬迺郡馬惟汲公之仍孫德荷公之子
也生於洪武乙丑年十一月十一日終於天順壬午
年七月初一日原配孺人廖氏何氏胡氏生三子長
理泰次理剛三理柔玆公與三妣合葬于屯門土名
塔子山坐坤向艮兼未丑分金之源喝作浮雲湧日
爰立墓誌永垂不朽云　王林定針

**明九世祖**
**考壽官洪贄鄧公**
**妣淑德孺人何廖胡氏**
**墓**

奉祀裔孫
英才　根福　能就　業容
其歡　堂鏡　永康　鎏金
燦基　享盛　木生　德福
其璠　福來　泉泰　業祥
天福　等立

黃帝四仟六佰零九年建
一九八二年歲次壬戌十一月十三吉日重修

圖 1：碑文原文

## 坐向線度

現在量度墓碑之方向，為坐坤向艮兼未丑，坐山223度，向上43度。（見相15、16）

相 15：坐向為坤向艮兼未丑，坐山 223 度向上 43 度。

相 16：羅盤放大看

## 明堂及龍局

踏足於穴場之上舉目四望，明堂的前面只見一片茂密樹木，穴下的馬路及泳池景觀也看不到（見相17），抬頭看明堂中央，遠處被澤豐花園的澤國樓剛好遮擋了正中位置（見相18），這是破壞明堂風水的現象（注3）。

穴上左邊也是樹林，勉強還可以看到原來的一片護砂（見相19）。穴上右邊是卓爾居的住宅景觀（見相20）。現在龍穴之上，實在無甚可觀（見相21）。

**• 現場實拍 •**

18.2 浮雲湧日——穴上環迴拍攝

相 17：穴前中央樹木茂密，穴下的馬路及泳池景觀全看不到。

注3：明堂正中央，若果見到有物遮擋，這是令到子孫後人發展有阻力、遇到競爭者而不敵，或引狼入室之現象。

相 18：抬頭看遠處，被澤豐花園的大廈遮擋了正中位置(紅圈所示位置)。

相 19：穴上左邊還可以看到原來的護砂

相 20：右邊是卓爾居的住宅景觀

相 21：明堂全景

## 昔年之龍局

如果以現在眼前的景物，去衡量這個龍穴的福力，是很難令人相信這個龍穴有甚麼特別之處。或者我們用另外一個方法，去演繹昔年龍局的優美之處吧！

當年新界屯門未曾發展之時，穴上左邊是一列甚長山嶺，遠處見靈渡山由屏山廈村一帶而來，在穴上大約左邊肩膊位置，亦該可見乾山為夾耳之砂峰撥入穴場。於靈渡山及乾山之間，更有筆架砂，由山上一直拖下到明堂之上（**見相22**）。

穴上右邊現在只見卓爾居屋苑，但從樓宇隙縫之間，可隱約見到有山峰在外面（**見相23**），這個方向原本是九徑山山嶺，拖出一個秀峰，緊緊夾在穴右，跟左邊乾山遙遙呼應，一左一右作為龍穴之夾耳砂峰（**見相24**）。

相22：山上拍攝，穴上左邊靈渡山、乾山及筆架砂。

相 23：穴上右見邊卓爾居屋苑，從樓宇隙縫可見到山峰在外面(見紅圈)。

相 24：穴上右邊之秀峰，自九徑山而來的。

根據鄧氏族人口述，三十多年以前來到「浮雲湧日」龍穴祭祖，面前原本是很多魚塘，差不多由現在屯門醫院起始，直到龍穴前方為止；明堂眼前全是一大片魚塘水光掩映（**參考相25**）。至於較左近山邊之大興邨、田景邨、良景邨、兆畦苑一帶，全都是種植稻米的水田。

還有一個最重要的風水條件，龍穴坐坤向艮兼未丑方向43度，在明堂中央偏左約十至十一點鐘的位置，當時是可以見到屯門河由左上方逆水來朝（**見地圖2及相26**）。

山管人丁水管財，前面所述的魚塘，加上屯門河逆水來朝，這個「浮雲湧日」，昔日龍局是以左右兩邊收山，面前收大水及逆水入局，作為益蔭子孫後人的精華。此龍穴實為發財發丁之真龍大地也。

**・現場實拍・**

18.3 浮雲湧日——於澤豐花園旁拍攝逆水來朝

相 25：參考相片，魚塘景觀。

相 26：於澤豐花園旁向北面拍攝，屯門河由遠處而來，成逆水來朝之勢。

地圖 2：以地圖示範昔日龍局之面貌

# 白銀鬥蔗糖的故事

關於鄧氏後人曾有一則發財軼事，或與此龍穴有多少關係之可能。（注4）

話說屯門附近村落「忠義堂」，有一陶姓大氏族，曾經以經營鹽田、種植甘蔗並製煉蔗糖而興盛一時。在陶姓族譜中記載了屯門陶族，以蔗糖與錦田鄧族（注5）鬥富的故事——農業最盛時期，陶族與錦田鄧族比身家，陶族屯谷公（即陶氏的八世組）以蔗糖五缸一棟，由屯門排至錦田；而鄧族之鄧連光，則誇言以白銀五元一筒，由錦田排至屯門。此事係舊族相傳，成為佳話。

此軼事誰勝誰敗並非重要，但由此故事，亦可反映這個龍穴「浮雲湧日」，確實是非常極品之發財穴也。

注4：資料來自「跑遊元朗」專欄作者 Tere Wong 先生，特此鳴謝！

注5：墓主洪贊公乃錦田鄧族一脈。

# 第19章

# 風水惡劣——香港足球運動發展艱辛

保良局國際青年足球邀請賽2014
2014年2月7至9日(星期五至星期日)
7th to 9th February, 2014 (Fri to Sun)
U16 matches-10:00
U14 matches-14:30
免費入場

下面乃香港新聞報導：

二○○九年四月爆出甲組足球隊「屯門普高」打假波事件，原本戰至七十四分鐘，比數一比一，但完場前七分鐘內連輸四球落敗。此事亦有涉事球員被法庭定罪。

二○一四年二月十二日：「足總昨晚公布，董事局通過接納專責委員會的建議，暫停屯門和愉園參加今季餘下賽事，變相將兩支『新聞球隊』退出港甲。」

二○一七年六月五日，南華宣佈由於未能夠有新班主注資，決定下屆退出香港超級聯賽，並申請降落甲組聯賽，重點培育青年球員，已獲香港足球總會董事會接納。今次是南華百年以來首次降班。」

筆者曾於《風水天地》一九九九年一月份，撰文評論香港足球總會風水狀況差勁。八十年代以後，香港足球運動人丁單薄，各支甲組隊伍參與足球比賽可以說是經營困難，入場觀眾人數維持低水平，門票收益對各球隊而言實在微不足道。再者球壇之上可以吸引觀眾，瘋魔萬千球迷的星級球員，再不像八十年代的日子，粒粒皆星百花齊放。計算下來由一九七九年足球總會搬遷會址之後，香港足球壇的發展，陷入了停滯不前模樣。

自從一九九九年文章面世之後，仍然發生前面的新聞事件，感覺香港足球運動很不樂觀，似乎步向日漸式微。

## 足總歷史

早年足球總會租用位於跑馬地體育路（見相1）、香港足球會球場一號看台下的地庫作為辦公室。一九七二年香港足球總會向政府申請撥地興建永久會所。於一九七四年獲得通過，獲得撥出何文田佛光街十二號一幅土地。經過五年籌建，會所於一九七九年九月十日正式在上址辦公。自從遷入佛光街之後，本地足球運動再也不及六七十年代的日子，曾經號稱「亞洲足球王國」的名字，漸漸沒有人再也記得起！

足球總會即是足球運動的太公祠堂。太公祠堂風水好，自然益蔭到其他球隊會員。風水有講山管人丁水管財，身為本地足球運動的太公祠堂，香港足球總會的風水好壞，自然與本地足球興衰，有着微妙的玄學關係。

相 1：足球總會舊照 (攝於一九九八年十二月)

究竟香港足球總會的風水，在哪方面出了問題？讓我們去到何文田佛光街現場實地觀察。

以下純粹用巒頭方法評論其形勢：

（一）足球總會位置，坐落佛光街中段位置**（見相2）**。平時佛光街車輛流量很大，汽車行駛速度亦相當快。佛光街的形勢由何文田山配水庫開始斜下**（見相3）**，向西一直落斜到達公主道橋面，路面稍為向上，成一個人工星頂，之後去到窩打老道培正中學位置方停止，龍氣匯聚於這一帶地方。

換言之這一段佛光街，等於急速水流或者急龍不停地向下沖，而足球總會坐落急速水流的中間，如果足球總會的地勢稍為平坦，急水去到平坦之處，水流就會緩慢下來，變成有情之水可以為用。奈何足球總會門前欠缺平坦，那些急速的水流就不會停留門外，變成過門而不入，足球總會完全得不到風水好處。

相 2：足球總會正門(佛光街)

相 3：佛光街大斜路

相 4：正門及樓梯，均向左斜下。

（二）足總正門設於佛光街，正門及樓梯的方向是扭向左邊，而不是與佛光街成90度方向。即是斜斜地面向馬路左方。在巒頭上是犯正「元辰長直」，也就是「送水格局」。**（見相4）**

（三）足球總會建築，坐落佛光街斜路，由於這是急龍而下的山坡，並無化氣；山管人丁，現在龍氣不聚，其氣散渙，氣散代表人丁人事，隊伍減少球星少見、打假波、觀眾入場人數偏低。人丁減少，或人丁不旺，就是如此效應。

（四）足總後門位於牧愛街，內街氣場比較穩定，而且香港公開大學及房屋委員會總部亦設於此，多年未見有嚴重閃失之事，可見牧愛街亦不失為風水善地。**（見相5至7）**

相 5：足球總會後門

相 6：足球總會後門牧愛街

相 7：足球總會右邊，香港公開大學。

## 風水點評

門外已經急水直下，但現在水無兜收不能用，即是財神不上門！如果開門收氣工夫做得好一些，或者可以接到財星。可惜總門樓梯方向大錯成送水格局。兩個惡劣條件，更加是巧婦難為無米炊，要球市興旺又談何容易！所以足球總會自一九七九年搬遷以後，整體球市門票收入一直不振，每年即使有一兩次旺場日子，亦難以跟昔年同日而語。

建議唯有長痛不如短通，拆卸舊建築在原址重建新大廈，坐脈承局，並把牧愛街穩定氣場兼收並蓄，方為上策。寄望將來另行佈局搞好足總風水，可以重新坐龍接氣，使到足運發展進入新景象，前途亦不可限量焉。

純粹用巒頭判斷風水，簡單而實際就可決定吉凶，現在所見巒頭力量所橫跨的時間，由一九七九至二〇一九已歷四十年光景，其不吉利之處已經再三證明。

現今坊間習慣使用「理氣」去處理風水，奉「理氣學說」為金科玉律者大有人在！有些人更將「理氣風水」誇大到極點。皆因流弊源自於課室學風水及書本理論，平時很少上山學風水，甚至不懂陰宅風水；有些人更以為走到街上實習，看懂一些巒頭形煞，就以為已經懂得「巒頭風水」。

殊不知風水學問，還有很多更加深奧的吉凶學理，而且學習「巒頭風水」，至少要花上十年以上行山覆墳資歷，方能稍有所得，絕非於課室之內學三五年風水所能比擬！而且當閣下於陰宅巒頭風水豁然開朗之後，去到實際運用於陽宅之時，連羅庚也不用看，於閑庭信步之間，就可以發現哪些樓宇、住宅、辦公室，是非常好風水的，其容易程度有如信手拈來。此法得來無他——台上一分鐘，台下十年功。

**實踐及時間，驗證真理不二法門。**

**學習風水，只學陽宅不識陰宅，到老一場空，隨時誤人誤己。**

**學習風水，只有在山上成就，從來不是在課室內成就！**

# 附錄

## 附錄一：風水造葬，因為無知而折福。

香港新界原居民，數百年以來的傳統，十分重視風水。有些鄉人在處理風水事情之上，往往因為謬誤之觀念，從而做出自損陰德的事情，還以為自己所做之事振振有詞。殊不知，因為無知，反而影響其家山風水，暗地走向落敗，實在可悲之極！

### 被人壓到分金線

有些人會在人家墳地對上的山坡建造新墓。這情況下，下面的人家通常都會很不高興，認為自己家山風水，被上面的新墳騎着龍脈，會奪取龍氣，令到自家不好運云云！

又或者，上面的新墳，其造葬位置，剛好落在下面舊墳的方向線度之上，謂之被人壓住分金線。認為這是會令下面舊墳風水，受到不好影響，發生阻滯云云！

一旦碰上這些事情，有些鄉人唯恐風水失利，即使未曾發生阻滯事，也馬上現出惡形惡相，要人家新墳改動位置，或整個新墳要拆走。若果人家不遷不改，便誓不罷休甚至大打出手。

但需知把人家新墳趕走，逼人改動位置，這些事情是極之損陰德，更加自折福氣，而且更會連累舊墳的先人，殃及全體祖先因而受苦受難。

在風水這門學問，乃天地人三界有關，與及因果之副產品。一般很少人知道，風水是有神明管制，並非術士創作出來的。以風水學問而言，龍穴是特別受到天地庇蔭的一個小小位置，假設一個山上，有人家已葬親於龍穴之上，而山上又遍葬墓地，則這個龍穴的風水，是不會因為這樣子而令到福力被拖低或出現阻滯。

有一個很好例子證明，龍穴是不怕被人壓住分金線：

羅湖沙嶺墳場，富人李氏未發跡前，於一九五五年葬父骨殖，不數年，該墳場已告「全院滿座」，李氏父墳頭頂之上葬得密密麻麻，但李氏憑此龍穴，一路發達，至一九七二年公司業務已榮登上市地位，之後富豪榜上有名，由此可見，其原本龍穴風水，並沒有被山上其他墳墓奪走龍氣。

既是風水福地，天地包容廣大，自然可以庇蔭任何人等，只是大福小福各各不同，並無特別優待某家某姓。既坐龍穴自有大福在後面，實無必要趕走其他小福之人！

所以，「被人壓分金」是以訛傳訛，坊間謬誤之說不足取信。所以趕走人家／逼人改墳，有如壞人衣食削減人家福氣，此等行為實在非常不智，亦是自犯因果會有報應：首先影響家山風水迅速落敗，隨後衰運臨身，輕則運程阻滯，破大財；中則生意失敗，重則破產，那就苦不堪言了。

假若碰巧有此事發生，自家又有阻礙事，這些該是自己命運上的障礙，或是祭祖欠了禮數，或者沒有為先祖／自己冤親辦佛事功德，因而未能消滅業障之故，切勿胡亂怪罪別人為要。

相 1：「被人壓分金」是以訛傳訛，坊間謬誤之說不足取信。

# 壞人福德因緣

數年前受福主委託，往廣東省鶴山市點穴葬親。

造葬之日，仵工用鋤頭開地，掘到有一瓷器白罐，仵工取出打開一看，內裏只有水份，並無骨殖，仵工嫌其阻礙新墓位置，欲棄之老遠。筆者直覺如此行為極之不妥，當下急忙阻止，並以強硬堅持態度，吩咐必須安放回去原來位置附近，仵工拗不過我，唯有照辦。

那白罐本來略有些阻礙新墓，但移歪一兩尺，又令到該白罐不脫離龍脈庇蔭，則雙方也沒有問題的。

事後問及鄉人有關此事，相信是人家陪葬之飲食器具。聽到之後慶幸當機立斷，阻止仵工魯莽舉動，否則害了福主折福，而在下身為風水地師，也要負上因果責任。

那物雖乃陪葬飲食器皿，但能夠放置到龍脈之上，一來是人家亡者的福德因緣，二來亡者亦有其靈通，如果骨殖葬地不吉，則喜歡依附於黏到龍脈庇護的陪葬物件，以作安身！若然仵工丟棄之，則仵工、福主、風水地師必令到人家失去龍脈庇護，如此一來，乃是罪業並且折福；何況如斯行為，福主先人知道，也會因為此事而不安樂！

相 2：鶴山市點地時攝

相 3：龍穴平鋪

如此一來，即使得到吉地，也會因為造了損陰德事而折福了，風水龍穴也不能補救錯失，以後欲求發達也休提也罷！

在風水造葬時，如果發掘到不明物件，不論入面有無骨殖、或無名骨殖、或零碎骨殖、或靈位牌位、無名金塔等等，都不能因為此等物件，會阻礙新墳而丟棄之，必定要妥善處理，即使移動位置，也不能令到此物件脫離原位太遠，小小尚可，脫離龍脈則萬萬不可，否則犯上因果，報應臨身，那時後悔莫及了。

總之──

壞人福德因緣，就算葬得龍穴，風水也馬上由好變衰，龍神不佑也！

## 壞人祖墳逃不了因果債

記憶中大約二〇〇四年，行山賞穴的時候，發現本港某位名氣甚響的風水大師，其祖墳忽然搬遷了。

其祖墳乃龍穴佳城，自從葬後數十年來，大師之事業步步高升，客人非富則貴，令其財源滾滾。雖知要覓得一龍穴，實在不容易，隨隨便便就放棄，也着實令人奇怪。

原來其祖墳被人破壞，過峽處被掘開漏失龍氣，墳後的地上打下數支鋼筋，深深插入泥中。似乎風水大師於拜山時，發現祖墳出事，知道遇上冤親債主找晦氣，故有急忙搬遷之事發生。

之後在二〇一八年底行山，於元朗某處著名山頭，又見到一墳，亦是遇上找晦氣，其墓碑旁邊被人打爛了，左右石柱亦見人為崩壞。

上述兩件事情，該是有人家受到很深的傷害，其所受到之傷害及痛苦，亦不能夠循法律途徑去申冤，在有冤無路訴之下，出此下策一吐烏氣。

見到這些事情，知道其箇中原因，的確明白人家受到的傷害，即使用鉅額金錢賠償，也不能挽回事情，其痛苦之深可想而知。

只是一時氣憤，用下策去報仇雪恨，雖然稍舒鬱悶一時，但是後遺症卻是太大了。

上天永遠是公平的，因果法則會自動操作，追究做錯事之人，連本帶利要其歸還，無論這人是甚麼種族、宗教信仰、國家地區、社會地位，在業債成熟的時候，即使上天下地，其人永遠也逃不了因果的債。

壞人祖墳以報仇雪恨，實在是非常不智。

人家做了虧欠自己的大錯事，一時衝動走去報復，反會害自己跌入因果的深淵，令到日後受千苦萬苦。

姑勿論自己如何理直氣壯，蓋壞人祖墳，等同壞了人家一族之衣食。將來因果反彈回來，則要自家之各房兄弟姐妹，及上至父母長輩，祖先，九玄七祖等等，大家一同受苦。

欲要報仇雪恨之前，請好好想一想，要不要令到自己的親人、家人，一併也扯進渾水裏去，害到他們日後身體的健康、衣食福氣，也要受到重大打擊？如果不想的話，那就不要做這等自損陰德的行為，這種行為不是一人做事一人當，自己整個家族的命運，也會因為壞人祖墳，而全部要受牽連！

所以遇上很大的冤屈，無論如何也要忍辱，把事情交給因果，因果自然會追究那人，折其壽元、衣食福氣、受苦受難、並且要自動還債予受害人！

一切安心等待便是。

引用油麻地榕樹頭城隍廟，門外對聯一幅（見相4）：

陽世官刑雖倖免
陰司法網總難逃

相 4

補充：

上述兩事，只是論事不論人。

為免口業傷人，各位朋友即使知道名字，請恕在下不作回應，還望各位見諒！

## 大殺三方以拜祭

中華文化有一個優良傳統，就是對祖先先人，慎終追遠的德行。以祭祀禮儀作為懷念祖先及心存感恩。

西洋文化因為不知道這個世界，有六道十方法界存在。所以西方人即使上墳場，只會獻花給逝世的至親；至於較為遠古年代的祖先，則一律闊佬懶理，不會有任何祭祀的禮儀。

不過在祭祀的過程中，有些情況卻會因為欠缺法界禁忌的知識，造成犯了禁忌也不知道，暗地裏自損陰德，更殃累了先祖受罪，因而影響日後風水及運程，漸漸走下坡！

原來在祭祖或拜山過程當中，所用的供品，大忌殺死動物取其肉類作為祭品。在六道十方法界裏面，殺死動物以作祭祀，是絕對犯禁的事情，不單止沒有功德，更損孝子賢孫與及祖先先人之陰德。此事詳情，可參考《地藏經‧利益存亡品第七》，有云：

「勸於閻浮提衆生，臨終之日，慎勿殺害，及造惡緣，拜祭鬼神，求諸魍魎。何以故，爾所殺害乃至拜祭，無纖毫之力，利益亡人，但結罪緣，轉增深重。假使來世或現在生，得獲聖分，生人天中。緣是臨終，被諸眷屬造是惡因，亦令是命終人，殃累對辯，晚生善處……」

可惜普羅大眾很少接觸這些資訊，於祭祀先人之時，以為先人生前喜歡吃甚麼，尤其認為活生生劏殺的動物，才是最新鮮最好味道，這樣的祭品才是最有孝心。於是為了一場拜祭，便大開殺戒，豬牛羊，雞鵝鴨，魚蝦蟹……等等動物，殺個片甲不留。

結果日積月累下來，即使有風水，有拜祭，結果是損了陰德，家運漸差；尤其健康走下坡，乃是最明顯之現象。

如此一來，應了俗語一句，有錢都要有命享！若果健康都搞不好，有錢都是沒有用的。

還有一種情況，如果先人以骨灰形式安葬，而骨灰龕位乃是佛教或道教寺院之內，又或者龕場之內，見有神佛聖像在裏面，則拜祭先人之時，切忌用肉食葷腥，這些東西，也是犯上大大禁忌的！

建議最好用素菜、水果等拜祭先人，則是穩妥之選擇。若果未能完全改變自己習慣，則只建議採用三淨肉類。

三淨肉類意思，非我手所殺，非因我所殺，我不見動物被殺。

這些方法，既穩妥又有功德，一來自己增福，二來先人蒙福，一舉兩利也。

各位如未認識或未認同此等禁忌，宜先行記存，日後多作驗證，自然會明白矣。

為免犯上口業惹上因果，懇請不信此文者切勿胡亂批評，筆者亦不會回應。

祝各位大吉大利，人人行好運！

# 附錄二：種生基之我見（一）

對於前局長何志平曾經種生基一事被曝光，在下也有些看法分享。

**（一）種生基，如果那位師父是真正識風水，那是有效的。**

種了生基，不代表可以消除宿命之中的衰運，此人仍然要受衰運之苦。但風水／生基則可以減輕部分衰運之苦。

種生基之後，若果福主以不正當手法去營謀，是犯上因果，生基亦不能幫他解脫困局。

**（二）風水／生基，是不能改變福主之性格。**

舉例：有了好風水扶持，貪財好色的人，仍然是貪財好色，不會因為好風水，令他改變性格。正如品行頑劣之人，發了財，依舊會做出惡行去害人！

**（三）風水之道易學難精**

很多人走去上風水課堂，不出一年（仍未畢業），便印名片，當起風水師了。

稍好一些的，學了兩三年，行了二三十個古墳。以為自己成為了風水師，又去印名片，為人家尋龍點穴！

這是風水行上的流敝，全世界也有這種事情發生。結果這些只有三腳貓功夫的「大師、師父」，令到傳統國粹，正道風水之學，淪為大眾之笑柄，或被人不齒！

## （四）為人家尋龍點穴，是要經過驗證的。

假若點得一地，是否真正龍穴，不是由所謂「師父」說了算。香港新界原居民，雖信風水亦十分謹慎，人家會拿着這地點，去問米，或者向神靈問卜，或者以扶乩方法，查核是否風水好地方；確認了，才會相信這位師父的功夫。

能夠通過查驗方法的師父，人數不是很多！自稱大師的人，卻很多很多！

## （五）古人有云，良禽擇木而棲，賢臣擇主而事。

既以風水地師為職業，當謹慎選擇福主而效力，方是互相成就。可惜坊間有不少業者，自誇自讚，推銷風水改命、風水開運。為了錢字，眼睛也紅了，即使福主其心不正，或者以不正業手法去營謀，一於好少理，賺錢為先。這是大錯特錯行為。

**（六）師有三德：授業，傳道，解惑。**

以風水助人，不論有否金錢利是，應當引導福主多行善德，將不好的行為改過遷善，戒除殺、盜、淫、妄等等陋習，敬拜祖先，敬拜神明，修心養性，與人和善。又當教以懺悔罪業，念經拜佛以消除宿世／今生之業障。

這樣福主才是真正洗底，才會配合風水之助力，命運由劣返歸坦途。

**（七）盲目為錢胡亂做風水，會有果報！**

世界上，有人，則有鬼神存在。風水師胡亂做風水，又沒有依據上面第六點去行事的話，如果所幫的福主，運氣轉好，福主卻做出損陰德之事，這樣子，天地鬼神會追究是哪位風水師的責任。到時風水師要受果報的！

利申：

在下從來不造生基！

# 附錄三：種生基之我見（二）

前文發表了對種生基之看法，發覺意猶未盡，另補風水學理的看法，予各位細味之，故曰（二）也！

雖然在下沒有到過何先生的生基實地考察，單從相片及風水學理而言，已有好些重要問題，值得大家好好去研究。

（一）墓碑上寫着「顯考何公濟萬志平之墓，顯妣何門胡氏慧中之墓」（見相1、2），這是十分不吉利的用字。首先「考、妣」二字，是對於已逝世的男女先祖的稱呼方法。

若果家中父母仍然在世，正常介紹方式該是「家嚴、家慈」，「家父、家母」，而絕對沒有人用「考、妣」二字稱呼在生的父母。這個是十分嚴重的使用文字錯誤！

相 1：家中父母仍然在世，而絕對沒有人用「考、妣」二字稱呼在生的父母，這個是十分嚴重的使用文字錯誤！(特此鳴謝江濤先生提供照片)

相 2：做生基風水之用途，其人未死，就沒有理由用「之墓」兩個字！(特此鳴謝江濤先生提供照片)

（二）既然做生基風水之用途，其人未死，就沒有理由用「之墓」兩個字，正確寫法，可以用「生基」、「壽基」、「壽藏」等等。至於使用「之墓」，這亦是非常「大吉利是」的用字！

其「生基」建於甲申二〇〇四年，二〇一七年十一月於紐約被拘捕，剛好一個地支循環完了，翌年馬上就出事。根據《明報》報導，其案情始自二〇一四年已經發生云云。

（甲申年種，甲午年被官方盯上，或根尋到。甲甲相關也。）

基於上述兩點，已證明上述不吉利之用字，在二〇〇四年做生基，同時亦埋下不吉祥徵兆矣。

（三）其石碑以「何公濟萬志平」這一行文字，作為碑文之中央位置，驟眼看似乎沒有問題。如果用「顯考何公濟萬志平之墓，顯妣何門胡氏慧中之墓」為焦點，就會發現

相 3：碑文歪了！正統出身的風水地師，絕對不會犯上此等低級錯誤。（特此鳴謝江濤先生提供照片）

這兩行文字，是偏離石碑的中線，形成碑文歪了（見相3），這個又是風水上很重要的一個小環節。正如陰宅風水的龍局，若果砂、水、明堂有甚麼歪斜了，會令子孫後人走歪路行偏門，大有異曲同工之效。

這些細節，正統出身的風水地師，必定一絲不苟，絕對不會犯上此等低級錯誤。

（四）自從二〇〇七年爆出某福主種生基得到成功，以一千萬港元利是作為感謝風水師的花邊新聞之後，「種生基」已經成為風水行上的熱門項目。由踏入玄學術數這一行以來，在下對於「種生基」一向十分抗拒，寧可為人造百個祖墳，也不喜歡替人造一個「種生基」。

造一個祖墳，因為已有人家的先人亡者，作為風水的「中間人」角色，人家的子孫，性格行為是好是壞，造惡業或造功德，先人亡者都看到清清楚楚。

先人亡者坐於龍穴龍脈的吉地，得到天地庇蔭的利益，收到之後再用來扶持任何一位孝子賢孫，完全可以具有控制，或者選擇的權力。至少先人亡者一定不會永遠扶持為非作歹永不悔改的子孫。因為在法界裏面，子孫造壞事惡業，是要連累「九玄七祖」受苦受難，既然先人要受罪，也就不可以再庇護壞蛋子孫，這些壞蛋子孫亦會漸漸踏上敗亡之路。

替人造一個「生基」則不然，風水地師未必瞭解福主客人品行孰好孰壞，亦不能管教監察那人以後的行為。福主客人懇求風水地師幫助的時候，必是甚麼也答允；一旦飛黃騰達，那就甚麼也拋諸腦後。

俗語云：「飽暖思淫慾」，發達的人很多，發財立品的人數卻不是同等的。

由於欠缺先人亡者作為「中間人」，那麼風水地師幫人造「生基」，等於用他的個人運程，去保薦，福主客人發達，這是要承擔責任的意思。

於前文《附錄二：種生基之我見（一）》第七項已述：天地鬼神會追究是哪位風水師的責任。到時風水師要受果報的！意思即是福主客人做過甚麼壞事，風水師是要分擔其中一個部分，輕者風水地師的衣食運程阻滯損折，中者禍及父母妻兒，重者殃及「九玄七祖」。

所以，筆者眼中，隨便為人種生基，乃是極不化算之風水生意。這也是法界裏面的真實情況。

（五）鬼神因果之説，不少名宿前輩、古代先賢等，俱深信明白，在他們的著作亦多有提及，也不敢有違聖教。奈何普遍出現一些學院派風水，只識「格仔」風水，上課室多，行山覆墳少，實踐驗證更少。更不曉陰陽，不信鬼神，不行正道做人做事，昧於因果。着實誤人子弟，亦誤己甚深！

# 附錄四：理氣漫談與房份得失

年青時候開始學習風水，所得到第一個觀念，風水分為「巒頭」、「理氣」兩個部分。

風水學問早在春秋歷史之前已存在，待到唐朝末年，因為發生「黃巢之亂」，始由楊筠松把風水學問流傳於民間。若果查找古籍，會發現唐、宋、元、明等四個朝代，都沒有古籍說風水是分開「巒頭」、「理氣」兩套學問，簡而言之，是只有「巒頭」的書籍。去到清朝初年，坊間忽然紛紛湧現「理氣」的書籍，自此以後中國古老的風水文化，就被分成開「巒頭」、「理氣」兩種學說。

細心思考下來：純粹以「巒頭」為中心的話，無論手上拿着甚麼書籍，都會發覺任何一本巒頭書籍，它們的內容理論，都是可以互相融合。反而談「理氣」的書籍，各有各說，互不共容，甚至水火不容，由清朝以來到現在，「理氣」方法從來沒有一套統一的說法，有的只是「各師各法」而已。

「巒頭不真理氣無用」這一句話，卻在任何理氣門派，都是十分認同的。邏輯問題就來了：若果「巒頭」已經大錯特錯，即使搬上任何一套「理氣」家法出來，也沒有可能把錯誤的風水，改為起死回生！那麼風水學問就不是由「巒頭」、「理氣」各佔一半吧?!

再說得坦白一些，既然「巒頭」是吉，運用任何一套「理氣」家法，風水效果仍然是吉利的。

又或者這樣說，只要「巒頭」是吉利，那麼即使不使用「理氣」方法去處理，這個風水依然會大吉大利。這個說法，在陰宅風水是最容易證明，朝天碑，不立墓碑，或者客家式金塔半置地面的墓，這些都是完全不講究理氣的最佳證明，人家風水好不好，看巒頭已經一清二楚了。

## 理氣之線度

理氣有云：「分金差一線富貴不相見」、「二十四山有珠寶，二十四山有火坑」，這些論調，把理氣說得誇大到了極端！

時至今日的確有些人，用分金線方法、卦線爻度方法、各式各樣、甚麼甚麼方法等等，為人家陰宅安碑立向，或做陽宅定坐向，把出入之大門扭歪成為古怪方向。

風水是否真的那麼極端，把陽宅／大門扭歪方向，風水便會馬上改善？除非有特別巒頭相應，否則是完全無可能的。無故將人家陽宅／大門扭歪方向，不能改善風水之餘，更令福主招來別人嘲笑！

至於陰宅上，一條線那麼狹窄的角度，差小小就會禍福不同嗎？如果真是這樣，天下普羅大眾豈不嗚呼哀哉？蓋未必人人信風水，亦未必人人為先人辦墓地／骨灰位時會聘請風水先生作出處理，那麼大眾豈不很容易墮入不吉利的線位方向之中而招禍乎？是耶非耶？

舉例用三合方法，風水羅盤週天360度，只有少數之度數是吉度，粗略地說吉利度數佔三成，不吉利度數佔七成。看去似乎真的很容易落入凶險吧！理論與事實，原來是不對等的。

## 古代的理氣

在一本清末古籍《欽定書經圖說》附有一幅「太保相宅圖」（**見相1**），內裏繪畫太保（官職名稱）帶着一班人，去到野外勘察以作地方建設之用。圖中有人拿着長竿，是負責丈量地方面積大小。太保右邊第二人，正彎腰俯視一個水盆（**見相2**）。

這個水盆是甚麼？原來古老羅盤，是用銅製，盆中放水，水面置一輕木及磁鐵之浮標。盆內有刻度，只有十二地支。有謂：「先天羅經十二支，後加八干與四維」。從以上情況推算，在古老的周代及漢朝初年，是用刀刻字在竹片的時候，還會討論風水之理氣及分金，把風水學問分割得這樣細節嗎？

相 1：太保相宅圖

相 2：水盆，浮水羅盤。

## 古代相地看羅盤之目的

中國地勢西北高東南低。主要山脈都是由西往東，所以黃河長江兩大母河都是西向東流。

太保相地看羅盤，旨在參考東、南兩個大方向有否高山，阻擋了每年春夏二季，由東南方吹來的濕潤雨水下降，從而影響農作物收成。

從前的羅盤，只用於大方向之參考，而非於所謂「理氣」的思量！

## 天然方向之利益

至於陰宅風水的坐向線度，乃完全受山水形勢之影響，因而本身具備一條「天然方向之線度」，此線度並非由數字或數據得來，並有巒頭相應，而且不是靠羅盤去量度／計算得到。這個說法，早已被記錄在清朝的風水書籍之內。

其他坊間理氣方法所定出之坐向線度，如果不偏離「天然方向」太遠的話，只要「巒頭」肯定是吉，亦可發福而不會招禍，只是福力成就高低，視乎偏離正位多少，因而各各不同。「天然方向」和坊間「理氣計算之方向」有甚麼差別？坊間一般方法，雖則家家不同，其實效果大同小異，對陰宅福主不會有甚麼特別影響。

**「天然方向」那個位置，是帶有一股旺氣**，龍穴之墓碑，若果能夠對正「天然方向」，則又可以把這股旺氣收納入穴，幫助提高子孫後人的運氣，令到他們事事比別人順利。

而且這旺氣會令後人們具有一種「福至心靈」的能力，無論思考力、直覺能力、洞察先機、思維深度等等，都會有實際利益。這種表面上看不到的能力，就是幫助福主在事業、學業、生意營謀、人際關係上都特別比其他人優勝，這樣使福主贏在起跑線，事半功倍；也是令到福主得到勝人百倍千倍甚至更鉅大的回報！

經云：「**朱雀源於生氣，朝以大旺，派于未盛**」就是上述的真正意思！

## 偏離天然方向之壞影響

任何一個龍穴或墓穴，看每個房份得失，一般都是以下的方法：明堂左邊管長房，明堂中間管二房，明堂右邊管三房；再有四五六子亦如此推算。（長房即長子，二房即二子，餘此類推。）

風水地師點穴之後，自然需要安碑立向。假如不認識「天然方向」的法則，而採用坊間一般「理氣計算之方向」的法則去決定坐向線度，這樣的做法，因為離開了「天然方向」，因而令到坐向線度傾倒向左邊或右邊，這樣子，有如切餅下刀不均匀，會令到福主後人發展不平等，必定出現下列這些情況：

（一）長房大發，二房小發，三房不發。

（二）長房大發，二房三房俱不發。

（三）三房大發，二房小發，長房不發。

（四）三房大發，二房長房俱不發。

**原來「天然方向」，早已把風水利益，平均分派予各房子孫，使每人在公平的風水福蔭之下，得以一展抱負展現才華。假如風水地師巒頭不精不明地理，必定會因為定錯方向，把人家子孫某些房份的衣食運程緊緊壓制著，甚至令到人家從此沒有出頭的一天！這是犯下很重大的因果，往後必有果報的！**

**古人於《龍經》有言：「寧與人家尋千墳，莫為人家立一向。」正是此意。**

**所以「理氣」之說，切莫自以為是！**

以上乃筆者歷年以來，由學習理論、行山覆墳、判墳效果、搜查福主經歷、親自印證、對比資料，從而領略出來的一番滋味。發表分享，希望各位喜歡研究風水的朋友，不要再被「理氣」迷宮所困惑，從而走上一條踏實穩妥的風水之路，以後可以利人利己不亦樂乎。

# 附錄五：也談太極、命運哲學

## 太極

未講筆者對太極看法之前，先說一個關於天地初開的古老神話傳說——

據說，宇宙本來是一片混沌，好像一個大雞蛋。我們的老祖宗盤古就孕育在其中。過了一萬八千年，突然有一天，盤古睜開了眼睛，週圍一片漆黑，潮濕的、渾濁的氣流令他憋悶，他掙扎着要把這個混沌世界撕開。在他一番拳打腳踢之下，這原始的氣團開始破裂，輕而清的氣流向上升，變成了天，重而濕的氣流往下沉，變成了地。

天與地分開之後，盤古怕它們還會合攏，就用頭頂着天，腳踏着地，站在天與地之間。天每天升

高一丈，地每天加厚一丈，盤古的身子也每天長高一丈。

如此又過了一萬八千年，天升得很高了，地變得很厚了，盤古的身子也長得極長了。有多長呢？據說有九萬里那麼長。也就是說，天與地之間有九萬里的距離了。

**自從有了天地之後，也出現了太極圖，過去不少前輩解釋太極圖，都把太極圖看成尋寶圖，窮一生精力尋找箇中奧妙，藉以得到發達富貴的方法；甚至有些人把太極混合河圖洛書，把它當成數學，或者是科學去研究，這是違反了先賢的苦心，亦是非常可惜之事情。**

**筆者對太極圖，倒是另有一套看法和解釋，現在與讀者一同分享。**

## 白、黑

白者，人之善根也；黑者，人之惡根也。正如孟子說人性本善，荀子說人性本惡，兩位先賢所說各有道理。

用黑白顏色去代表天地之間的道理，一切奠基於修行十善業道，或者造諸惡之十惡業道。這個想法，與天地初開之：「輕而清的氣流向上升，變成了天，重而濁的氣流往下沉，變成了地」有很密切之關係。因為人存在於天與地之間，故此天清地濁兩氣皆沾，造成人性當中，雖然藏有善根（清氣），但心性仍有貪、嗔、痴三毒（濁氣）在內。

以佛理而言，修行善業有功德之人，升去上三道：天人、阿修羅、人；即是白色。相反造諸惡業之人，墮去下三道：地獄、餓鬼、畜生；即是黑色。

白者，一念天堂獲福無量；黑者，一念地獄罪如河沙。

## 最外圓圈

圓圈乃世事循環的現象之解。正如月亮有陰晴圓缺，歲有春夏秋冬，太陽有升降浮沉，花開花落，人有生老病死。佛經也言娑婆世界皆有成住壞空，亦有因果循環。世上萬事萬物，皆受循環之影響。

另外一個理解，循環者，六道輪迴也。

## 中間之曲線分界

古人先賢智慧博大精深，太極分野是用曲線，這是說世事無絕對性，凡事亦非一刀切式的對或錯。

用命運哲學角度去解釋會容易明白：好命之人若多行不義，其福報必不永久，命運亦漸漸邁向惡運——這是由白轉黑。

假如劣命之人，只要深信因果虔誠向善，修心修德。命運就會漸漸離苦得樂，轉往好運境界——這是由黑轉白。

## 白中有黑．黑中有白

這是定數中包含不定數，不定數中包含定數的意思。

以心性及思想而言：人之心性包含善惡，兩種根性同時存在，只是善根、惡根比例各人不同。至於何時用善根，何時用惡根，因人而異；當遇到不同環境則有不同表現。比方説看電影，喜劇則笑、悲劇則哭、動作電影則動好鬥心、看成人電影則動色心。當中亦有些人，不會被環境牽動心境。

太極之白中有黑黑中有白，正如《地藏經．第四品》有云：「性識無定，惡習結業，善習結果，為善為惡，逐境而生」頗有異曲同工之處。

「無極生太極，太極生兩儀，兩儀生四象，四象生八卦，八卦生萬物」

以上幾句從表面看是數之衍化，但宇宙之間真正道理並非以數字、陰陽、五行為依歸！而以善惡兩事為依歸。因此上述幾句，可以有以下的理解：

**（一）無限衍生的意思：**

以耕種作比喻，如果種穀一粒，收成之時得穀一粒，這是百分百沒有人會願意做的事情。天地仁慈，人只要不怕辛苦肯吃虧，種穀一粒收成之時得穀數十粒。用佛經去解釋：「捨一得萬報」亦相當吻合。

反用造壞事作比喻，偷盜之人，只要動了一次偷盜行為，以後定會重蹈覆轍，一次又一次地再犯偷盜，往往下次只會想怎樣偷得更大、搶掠得更大，最後罪業累積下來，已是多不勝數。

**（二）事情不停演變後，面目全非的意思：**

舉例說：古時任何地方，以父權社會或母權社會作中心；後變成部落社會以村長／酋長作中心，日久了變成王權社會以國王作中心，今日變成民主社會，以選舉領袖作中心。不過大家不要以為民主社會，就是治國之聖經，這是大錯特錯。比方說發動第二次世界大戰之希特拉，就是經過民主選舉獲得政權，此後歐洲大陸人民飽受摧殘，伏屍千里。

其實世界上很多民主國家，選出之領袖，有貪污、侵略別國、有用陰損方法傷害別國令人家國破家亡哀鴻遍野、有欺凌他國；亦有身為領袖之人，不行教化人民，更把有違天地道德的事，鼓吹為合法更立法保護之；這些情況比比皆是，司空見慣。

以上舉例，世事若然離開善惡兩業作標準的話，任何原意出於好意的事情，經過不停演化之後，其原本良好之意義，漸漸就會離開正道，走往腐化墮落方向，結果與昔日宗旨完全背道而馳。

八卦演化愈多次以後，基本性質也變了，結果一切的事情，弄到愈演愈變偏離本質，一路往壞的方向走。

**事本無極，乃是真道；六十四後，面目全非！**

## （三）心性由無明變成貪、嗔、痴

既然人性混合善業及惡業兩種元素，然而普羅大眾少學善知識，現今無機緣接觸傳統儒家思想，更遑論佛法的善知識。

在急功近利的社會影響下，貪欲心愈演愈烈，令到事情演化去到性質也改變。因為大眾欠缺善知識的規範，很多人起心動念造了惡業也懵然不知。貪慾心變得更大更不知足。古有皇帝得天下，又去求取長生不老。商人既已富甲一方，只會更貪求名譽權力。

所以凡事若有分別善惡的能力，初時則是黑白兩混，結果自己步向黑色惡業，當黑色惡業完全充滿之際，就是通向下三道的路徑，最嚴重者地獄之內已預留一位置。

**如果用老子「返璞歸真」的思維去看待前面的幾句話，就變成「八卦生萬物」，「四象生八卦」，「兩儀生四象」，「太極生兩儀」，「無極生太極」。這樣就與佛經上一句說話「一切唯心造」完全是異曲同工的妙趣。**

**所以筆者認為，太極者，心也！與其沉溺於陰陽五行、八卦之說，盲目去追尋發達之路，迷醉於免費午餐心態，倒不如反自觀察撫心自問，自己行善還是行惡？則更為實際！**

# 命運哲學

普羅大眾對於命運哲學，一般人習慣用「一命、二運、三風水、四積陰德、五讀書」去看待自己或別人之成敗得失，與及未來前程。從來卻甚少人肯把這句古老名言，倒轉去解讀；

**「一讀書、二積陰德、三風水、四運、五命」**。

古人又有名言：「將相本無種，男兒當自強。」

又云：「種善因，得善果。」

一個人由出生的一刻，其命造只是未來成敗得失之參考，並非硬性絕不可以改變；若果命運是完全不可改變，那麼走去問卜算命，就完全失去意義。舉例說有人命中忌神遍佈，局中又處處刑沖；少年容易誤交損友以旁門左道維生，很自然行惡之人必定易惹官非。

問題就來了：此人是否必定一世犯官非刑獄？當然沒有人會樂意一世去坐牢，只要他肯洗心革面改過向善，捱完了所犯的刑法之後，重新做人永不犯法，官非刑獄自會遠離不再沾身。

同樣地一個人即使命運顯示一生難獲富貴，若然此人肯去克己修身，上恭下敬、謹言慎行、廣做布施、與人和善、讀書修學、懺悔宿命之罪業、念經禮佛回向冤親；經過歲月漸漸洗禮，即使不能達到大富之境，小康之富亦非難事，能否做到只是存乎一心，肯與不肯吧！

相反地如果有人生來命好，出身於富貴之家衣食無憂，若此人不思進取常行惡業，飽暖思淫慾，或者行事貪得無厭，明害暗損他人等等。

經驗所見原本生來一副福相，漸漸會變成倒楣之相，好命之人成為倒運之人，皆因命運並非完全絕對，一切只供參考也。

既然每一個人的命運都可以改變，更何況是壽元長短，行善積德之人多有高壽，算命先生的招牌自然會被打爛！

## 命運哲學之重點

好命好運之人，肯真心行善積德，行事參求正道，其福報悠久而不衰。

劣命劣運之人，只要不怕辛苦樂意吃虧，明白因果、讀書修學、克己修身、敬拜祖先、恭敬神明、與人和善恭敬、謹言慎行，修心行善，布施積德、懺悔宿業、持戒、忍辱、念經禮佛回向冤親。持之有恒，不問收穫只問耕耘，惡運終有天遠離，福報臨身。

# 附錄六：天地君親師

筆者身處風水算命行業，由學習至執業逾三十多年，但玄學界經常發生師徒反目事件。而且久不久就會發生。就這些事情，心內有些感悟，所以借此機緣發表在下的一些看法。

## 弟子

自古以來我們有優良的傳統文化，目的是教化大眾面對做人處世等事情，要有良好的價值觀念，做人要頂天立地問心無愧，方不枉在世上存在。

例如一篇《弟子規》，內容開宗明義，說明「天、地、君、親、師」，皆必須以尊敬的態度去看待。

「師」就是代表學習的老師，但是作為其弟子者，遇到不愉快的事情，或是對於老師／師父不能認同其行為甚至學問等等，於是就反臉相向，這種事情能否傷害其師父未知？但隨時直接傷害到作為徒弟或學生，更深遠的影響只會令身為弟子更加苦不堪言。

向來師有三德，就是：授業，傳道，解惑。簡單的淺釋：

授業：表面上解釋是傳授學問；深層次的理解，是學生得到老師的學問以後，就是日後成為得到尋找生活的技藝，而且是一生受用的。

傳道：教以良好的品行。

解惑：學生面對學問上難題，教導其通關解決疑難。

作為一個玄學人，在師父身上學到風水、八字、紫斗、占卜、掌相，更是非常直接地得到衣食。只要一生在玄學界謀生，還是一生要倚靠過去師父所教的學問，永遠也擺脱不了昔日師父授學之恩！這個道理是非常非常重要!!!試問一邊對師父做不恭敬的事情，另一邊仍然使用他的技藝來糊口及養妻活兒，這樣子是否有點兒那個？

作為人家弟子者，在求學過程不能生起驕傲心，覺得師長技藝不外如是，甚至感覺自己超越師長。假設技藝真的超越，仍然要對師長保持一心恭敬，絕不該有半點輕慢之心，因為若無師長栽培點化，則無今日之成就。

況且所有的學習之路，永遠是循序漸進，這是很必然的過程。正如讀書學習之路，幼稚園、小學、中學、大學，每個階段都是必經之路。總不能說幼稚園的老師們很低級，因為今天所用基本功夫，abcde、12345、或是寫中文字的一筆一劃，我們天天都運用着，根本沒法擺脱幼稚園老師對我們基本啓蒙的教育。飲水思源是為人弟子者的基本態度。

再用另外角度說，今日與師父反臉，做不恭敬的事情，他日始終會收徒弟教學生，那又將如何？**佛家有言，欲知未來事，今生造者是！**

經驗見過，玄學界內有人與師父反目甚至攻擊其師者，其人學問再也不能向上突破，更違論想登峰造極，只會留在困局之內，這是惹到業障所至。

再說一個佛家因果，《地藏菩薩本願經．第四品》有云：「若遇悖逆父母者，說天地災殺報！」

既然《弟子規》闡明，天地君親師皆是尊貴，假若玄學之人，做出悖逆師父或老師的壞事，其下場將會如何？真的不敢想像其恐怖之處！

忘恩負義，立於天地之大忌也。

寄語玄學學子：謹慎，謹慎；忍耐，忍耐；恭敬，恭敬。切記此十二字心得。

# 為人師表的感悟

《三字經》有云：「養不教，父之過，教不嚴，師之惰。」所以看待「傳道」這一事情，在下認為玄學術數師父，除了教授學問以外，對於培養弟子品德端正，乃為人師表者，肩膊上的天職，也是不可推卸的責任。

就以風水學問舉例來說：凡事有「天時、地利、人和」三個條件之因緣和合，方可令到事情成功。風水就是地利的影響所在，它對人的命運，的確有一個重要部分的影響。故此作為風水師父，若然只教授弟子風水學問，卻忽略其人是否品行端正，亦無注重德育上給予指導，碰巧其弟子又心術不正，將來事情發展下去，必然產生以下的可能：

（一）冒用師父的名聲或技藝，在外面招搖撞騙，甚至騙財騙色。

（二）未得師父承認，冒稱為師父的嫡傳弟子或入室弟子。

（三）跟了師父學藝，卻反面不認師，自稱祖傳或來自其他人。

（四）心無善念，對貧困之人，非大財不做風水。

（五）心存貪念，不問人家善惡，濫助惡人或不法之人。

如果身為師父，平時從來沒有教育弟子品德。則必定難辭其咎；也因為「教不嚴」而要背負弟子胡作非為的因果責任。所以小心擇人而授也是非常重要。

## 身教

又有些風水師，見錢開眼唯利是圖，不論福主背景好壞，或者明知對方是貪官污吏也為其睇風水，這是助紂為虐。這種事情只會令風水文化蒙羞，亦使到社會對風水地師產生誤解。

謹言慎行克己修身，遠離燈紅酒綠地方，嚴擇福主，忍辱和善，布施積德，樹立榜樣教化弟子，才是為人師表之道。否則叫弟子修好，自己卻不修好，這是很難令人信服。其身不正，往後何以教好弟子呢？

# 香港・尋龍點穴錄二

作者
劉坤昰

策劃／編輯
梁美媚

美術統籌及設計
Amelia Loh

美術設計
Nora Chung

出版者
圓方出版社
香港鰂魚涌英皇道1065號東達中心1305室
電話：2564 7511
傳真：2565 5539
電郵：info@wanlibk.com
網址：http://www.wanlibk.com
http://www.wanlibk.com
http://www.facebook.com/wanlibk

發行者
香港聯合書刊物流有限公司
香港新界大埔汀麗路36號
中華商務印刷大廈3字樓
電話：2150 2100
傳真：2407 3062
電郵：info@suplogistics.com.hk

承印者
美雅印刷製本有限公司
香港九龍觀塘榮業街6號海濱工業大廈4樓A室

出版日期
二Ｏ二Ｏ年一月第一次印刷


Published in Hong Kong by Forms Publications,
a division of Wan Li Book Company Limited.
ISBN 978-962-14-7115-4

全書內容豐富翔實，超過四百五十張彩色照片及近九十段現場實拍影片，並輔以龍穴地圖及前往方法，為讀者詳盡剖析香港十五個龍穴；更附有五星形狀及龍穴常用語彙介紹，內容珍貴，實坊間所未有。對於有心研習風水及尋龍點穴者，是不可多得之參考著作！

## 十五個龍穴介紹

玉女拜堂・半月照潭・黃龍出洞・父子鳴琴・橫龍結穴・科甲功名穴・牛地・鳳地・仰掌穴・金牛轉車・雙金擿水・太陽高金穴・出水蓮花・飛鳳啣書・麒麟吐玉書